미학적 힘

Kraft: Ein Grundbegriff ästhetischer Anthropologie

by Christoph Menke

철학의 정원 16
미학적 힘
미학적 인간학의 근본 개념

초판1쇄 펴냄 2013년 2월 20일
초판3쇄 펴냄 2023년 8월 31일

지은이 크리스토프 멘케
옮긴이 김동규
펴낸이 유재건
펴낸곳 (주)그린비출판사
주소 서울시 마포구 와우산로 180, 4층
대표전화 02-702-2717 | **팩스** 02-703-0272
홈페이지 www.greenbee.co.kr
원고투고 및 문의 editor@greenbee.co.kr

편집 이진희, 구세주, 송예진, 김아영 | **디자인** 권희원, 이은솔
마케팅 육소연 | **물류유통** 유재영, 류경희 | **경영관리** 유수진

ISBN 978-87-7682-401-1 93100

독자의 학문사변행學問思辨行을 돕는 든든한 가이드 _(주)그린비출판사

미학적 힘

미학적 인간학의 근본개념

크리스토프 멘케 지음 | 김동규 옮김

그린비

:: 차례

따라서 미학적 상태 속에서 인간은 … 제로Null다.[*]
　　　　　　　　　　　　　　　　　　— 프리드리히 실러

[*] 멘케는 책머리에서 실러의 말을 인용한다. 상당히 함축적인 이 한마디에 자신의 책 전체의 내용을 상징적으로 알리고 있다. 미학적인 것의 규정 불가능성은 텅 빈 충만, 무능의 능(能), 자기 창조의 조건인 무(無)를 뜻한다. 옮긴이는 독자들에게 이 책의 마지막 장을 모두 읽고 난 뒤, 아리송한 이 구절을 다시 음미해 보기를 권한다. 처음 보기에는 수수께끼 같았던 이 말이 어느새 의미심장하게 다가와 있음을 경험할 것이다. 어쩌면 이 책은 실러의 이 말 한마디를 현대적으로 새롭게 해석한 글이라고도 할 수 있을 것이다. Friedrich Schiller, *Über die ästhetische Erziehung des Menschen, in einer Reihe von Briefen*(『인간의 미적 교육에 관한 편지』, 안인희 옮김, 청하, 1995, 제21편지, 117쪽). — 옮긴이

서문 | 무엇 때문에 미학인가?

무엇 때문에 미학인가?[1] 이 물음에 대해서 간단하고 신속하게 대답할 수 있을 것 같다. 이를테면 미학적인 것이 있기 때문에 미학이란 것이 존재하고 그것이 필요하다고 말이다. ("미학적"이라고 표시되듯이) 철학적으로 숙

---

[1] 이 책에서 가장 중요한 용어를 꼽으라면, Ästhetik과 그와 연관된 낱말들, 즉 ästhetisch, Ästhetische, Ästhetisierung이라는 독일어 낱말들일 것이다. 이 용어는 원래 그리스어 aisthesis에서 유래한 말로서 '감각', '감성'이라는 기본 의미를 가지고 있다. 그와 함께 하나의 학문 명칭인 '미학', 예술 및 아름다움과 연계된 '미감', '심미'(審美) 등등의 다양한 의미소들을 가진 낱말이다. 그래서 손쉽게 번역하기 어려운 용어다. 벨슈(Wolfgang Welsch)는 비트겐슈타인의 '가족유사성' 개념을 바탕으로 이 개념의 의미를 대충 다음과 같이 정리하고 있다. ①감각적인 의미군(도야된 감각 포함), ②감각(쾌락)과 지각(인식적 함의)이라는 이중적 성격, ③쾌락주의적 의미소(Bedeutungselement), ④지각의 의미소(형식 관련, 비례 관련, 이론적, 현상적), ⑤주관 관련 의미소, ⑥(감각과 지성의) 화해 관련 의미소, ⑦아름다움 관련 의미소, ⑧미용 관련, 제작 관련 의미소, ⑨예술 관련 의미소, ⑩미학 관련 의미소, ⑪감수성 관련 의미소, ⑫심미주의 관련 의미소, ⑬가상(Virtualität) 관련 의미소. Wolfgang Welsch, *Grenzgänge der Ästhetik*, Stuttgart: Philipp Reclam jun, 1996, S.24~35 참조. 번역 과정에서 문맥에 알맞게 그때마다 상이하게 번역할 수도 있으나 그 경우 번역자의 자의적인 해석이 개입될 위험이 있어서, 옮긴이는 앞으로 번역어의 통일성을 살리는 쪽을 선택할 것이다(물론 상대적으로 빈도수와 내용상의 비중이 작은 다른 용어들은 문맥에 맞게 번역하였고 때로는 과감하게 의역했다). 그래서 Ästhetik(미학), ästhetisch(미학적), Ästhetische(미학적인 것), Ästhetisierung(미학화)라고 번역하였다. 다만 이 번역어가 등장할 때마다, 독자는 "감각, 아름다움, 감정, 심미성" 등의 의미를 함께 떠올리며 이 단어를 이해해 주시기를 바란다.—옮긴이

고할 대상들이 있기 때문에 미학의 사태가 존재한다. 여기서 미학의 사태란 예술과 같은 대상 또는 아름다움과 숭고와 같은 대상 또는 스포츠, 디자인, 패션 등등과 같은 대상들이다. 미학적인 대상들이 있고, 때문에 어떤 미학 이론이 있어야만 한다. 이런 대답을 통해서 미학은 다른 모든 철학적 분과학문, 예컨대 정치철학, 윤리학, 과학철학, 기술철학, 문화철학 등등 곁에서 정당한 자리를 얻을 수 있다.

그런데 이 대답은 미학적이라 불리는 대상들의 존재가 결코 자명하지 않다는 점을 간과하고 있다. 우리가 "예술"이라고 명명하는 것은 경제학의 확장된 범위일 뿐만 아니라, "문화산업"의 한 부분이자 스포츠, 디자인, 패션 등에도 속하지 않는가? 그리고 우리가 "아름답다"고 명명하는 것은 한갓 감각적 쾌락(또는 상응하는 뇌 속에서의 사건)의 셔터에 불과하지 않을까? 이런 대상들이 "미학적"이라고 불릴 수 있는 관련 영역을 이룬다는 것이 자명하지 않다는 점은 이제 분명하다. 그렇다면 그것은 서로 다른 깃들 전체를 모아 놓은 것에 불과하지 않을까? 사람들은 미학적 대상들이 존재한다는 것에 대해 이미 확신을 가지고 있으며, 미학을 해나가기 위해 그것들에 "관심"이 있는 것처럼 보인다. "무엇을 위한 미학인가"라는 물음이 미학의 대상들로부터 대답된다면, 미학은 한 개인의 관심의 표현이 되며, 이것을 통해 명망이 올라가기도 하고 떨어지기도 한다.

그러나 미학을 근거 짓는 것이 미학적 대상들(그리고 그것들에 대한 관심)은 아니다. 오히려 미학적 대상들의 영역을 근거 짓는 것은 미학이다. 오로지 미학이 미학적인 것을 구성하기 때문에, 그리고 미학이 대상을 비로소 "미학적인 것"으로 산출하기 때문에, 미학은 미학적인 것의 이론일 수 있다. "무엇 때문에 미학인가?"라는 질문은 "미학적인 것이 존재하기 (그리고 우리가 그것에 관심을 가지고 있기) 때문"이라고 확정함으로써 답해질 수 없다. 왜냐하면 "무엇 때문에 미학인가?"라고 질문하는 것은 무엇 때문에 미학적인 것인가라고 묻는 것을 뜻하기 때문이다. 미학이 "미학적인 것"을 그 대상으로 산출하고 그럼으로써 그 자신을 산출한다는 사실은 무엇을 의미하는가? 그것은 어떤 전제와 결과들을 가지고 있는가?

*　　*　　*

여기에서 우리는 미학이 구성되었던 일들을 기억하면서 그것을 재구성할 것이다. 즉 18세기 바움가르텐 『미학』 *Ästhetik*과 칸트의 『판단력비판』 *Kritik der Urteilskraft* 사이에 있었던 미학 형성 과정을 재구성할 것이다. 거기에서 미학이 철학의 정당한 대상들의 영역을 확장시켰던 것이 아니라, 이미 그 전에 그 모든 것들이 존재했다는 점을 보일 것이다. 차라리 미학은 "미학적인 것"의 범주를 도입함으로써 철두철미 새로운 방식으로 이 대상들을 규정했다. 그러나 미학의 역사적 형성을 재구성하는 데 있어, 무엇보다도 미학의 역사적 형성을 재구성하는 데 있어 "미학적인 것"이라는 범주의 도입이 철학적 근본개념의 변화에 못지않게 요구된다는 점을 보여 줄 것이다. 미학 속에서——또는 미학으로서——근대 철학은 시작한다.

　　최초의 미학은 주체 개념을 아로새긴 바움가르텐 미학이다. 그것은 능력의 총괄, 할 수 있음의 심급인 주체 개념, 곧 능력자로서의 주체 개념을 새겨 놓고 있다. 주체가 획득한 능력을 연습하는 행사Ausübung로서 감각적[2] 인식과 감각적 묘사Darstellen를 바움가르텐이 포착함으로써, 그는 인간적 실천(그리고 그 성공의 가능 조건들의 탐구인 철학)의 근대적 이해를 공식화했다. 바로 그 때문에 미학적인 것에 대한 반성, 곧 미학은 근대 철학에서 중요 역할을 담당한다. 미학 속에서 주체의 철학, 주체의 능력의 철학은 자기 고유의 가능성을 확신한다. 그러나 여기, 미학적인 것과 그 반성 내부에서, 주체의 철학은 동시에 그의 가장 결정적인 적대자를 만난다. 그것은 철학이 내부에서 싸우는 적대자다. 왜냐하면 "바움가르텐 양식"(헤르더)의 미학, 곧 주체의 감각적 능력 이론은 동시에 또 다른 미학, 곧 힘의 미학과 대립하기 때문이다. 힘의 미학은 미학적인 것을 (무엇인가에 관한) 감각적 인식과 묘사가 아니라, 표현의 유희로서 파악한다. 다시 말해서 그것은 실천 속에서 능력이 행사되는 것이 아니라 스스로를 실현시키는 힘을 통해 추동된다. 여기에서 힘이란, 그것이 "어둡고" 무의식적이기 때문에, 아무것도 재인식하지 않고 재현하지 않는다. 그것은 주체의 힘이 아니라, 주체로서의 자신과 구분되는 인간의 힘이다. 힘의 미학은 일종의 인간 본성에 대한 가르침이다. 실천하고 연습하면서 획득된 문화와는 구분되는, 인간의 미학적 본성에 대한 가르침이다.

* * *

그것이 바로 이 책 여섯 개의 장에서 전개하고픈 테제이다. 첫번째 장은 감각적인 것에 대한 합리적인 개념을 가지고 미학의 출발지점을 회상할 것이다. 감각적인 것에는 정의定義 가능한 어떤 규정[3]도, 어떤 척도도 없다. 두번째 장은 감각적 인식에 관한 바움가르텐의 미학을 주체와 주체의 능력에 관한 이론으로서 재구성할 것이다. 거기에 미학적 주체화가 개체화를 의미하는지 또는 규율화를 의미하는지에 관한 논쟁이 연결될 것이다. 세번

---

2) 미학과 연관된 중요 개념이 감각이다. 독일어로 감각은 Sinn, sinnlich, Sinnliche, Sinnlichkeit 등이다. Sinn은 '감각', '관능', '생각', '의미', '마음' 등등의 의미군을 이끌고 있는 단어이다. 여기에서는 번역의 통일성을 위해 각각 다르게('감관', '감각적인', '감각적인 것', '감각') 번역한다. 독자는 기본적으로 미학과 연관된 감각을 떠올리며, 그 밖의 다른 의미도 염두에 두고서 이 번역어를 읽어 주기 바란다.—옮긴이

째와 네번째 장은 헤르더, 줄처Johann Georg Sulzer 그리고 멘델스존의 텍스트로부터 힘의 미학이라는 반대 모델의 근본동기를 전개시킬 것이다. 미학적인 것은 "어두운" 힘의 작용으로서 일반성Allgemeinheit이 없는 성취이자, 규범, 법칙 그리고 목적의 피안에 있는 일종의 유희다. 그리고 미학적인 것은 자기반성의 쾌감으로서 주체, 주체의 능력, 그 실천의 변용 과정이자, 결국 미학화Asthetisierung의 한 과정이다.

힘의 미학은 힘과 능력, 인간과 주체 사이, 그 차이의 인간학에 근거를 마련해 준다. 마지막 두 장은 그로부터 나오는 결과, 곧 철학적 미학의 이념과 선의 이론인 윤리학에 관한 결과를 탐색한다. 다섯번째 장은, 칸트와의 대결 속에서, 힘의 미학으로 이해되는 하나의 미학이 해결되지 않은 싸움의 한 장면이라는 점을 보여 줄 것이다. 미학은 철학과 미학적 경험 사이의 싸움을 철학 속에서 전개시킨다. 여섯번째 장은 니체와 관련하여 힘의 유희의 경험인 미학적 경험이 어떤 윤리적 의미를 가지는지를 보일 것이다. 미학적 경험은 우리에게 행위와 삶을 구분하는 법을 가르쳐 주며, 삶의 또 다른 선善을 가르쳐 준다.

---

3) 여기에서 Bestimmung을 '규정(성)'으로, Unbestimmung을 '비규정성'이라 번역한다. 어원적으로 이 말은 '목소리'(Stimme)로 명명하고 확정 짓는다는 뜻이다. 문맥에 따라서, 때때로 '결정'이라 번역하기도 했지만 철학 전문용어로 사용되는 것이 분명할 경우, 관례대로 '규정'이라 통일해서 번역했다. 이 용어는 지성을 통해서 사물의 윤곽, 한계, 경계를 긋는다는 의미, 즉 본질을 확정한다는 의미가 일차적인 뜻이다. 또한 이 용어에는 지성의 자발적 활동이 함축되어 있다. 미학적인 것, 감성적인 것의 첫번째 특징이 이런 '규정'에서 비껴나 있다는 점이며, 그 점이 힘의 미학을 강조하는 이 책 전반에서 부각되고 있다. ─옮긴이

| 일러두기 |

1 이 책은 독일에서 출간된 Christoph Menke, *Kraft: Ein Grundbegriff ästhetischer Anthropologie*, Frankfurt am Main: Suhrkamp, 2008을 완역한 것이다. 원제는 '힘' 이지만 내용 전달을 고려하여 '미학적'이라는 수식어를 첨가했다.

2 직역보다는 가능하면 한국어 어법에 맞게 의역하는 것을 원칙으로 삼았으며, 원서의 본문에 등장하는 콜론(:), 세미콜론(;), 줄표(—) 등은 최대한 줄이고 접속사 등을 넣어 의미를 연결 지으려 했다.

3 원서의 각주와 미주는 모두 각주로 통일했으며 독자의 이해를 돕기 위해 옮긴이 주도 첨가했다. 또한 본문 내용 중 옮긴이가 추가한 것은 대괄호([ ])로 묶어 표기했다.

4 본문 가운데 저자가 강조한 부분은 '고딕체'로 표기했으며, 인용문 저자의 강조는 '볼 드체'로 표기했다.

5 저자가 인용한 책 가운데 국역본이 있는 경우 참조하였지만, 많은 경우 문맥에 맞추 어 변경했음을 밝힌다. 하지만 독자의 편의를 위해, 몇몇 책의 경우 국역본의 쪽수도 함께 병기해 두었다.

6 단행본, 전집, 정기간행물 등에는 겹낫표(『 』)를, 단편, 논문 등에는 낫표(「 」)를 사용했다.

7 외국 인명이나 지명, 작품명은 2002년 〈국립국어원〉에서 펴낸 '외래어 표기법'을 따라 표 기했다.

미학적 힘

1장 | 감각 : 상상력의 비규정성

미학의 역사는 논박論駁과 함께 시작한다. 즉 미학사는 아름다움에 대한 이론이 존재할 수 있다는, 아름다움에 대한 확실한 앎이 존재할 수 있다는 입장에 대한 논박과 함께 시작한다. 미학의 시원에는 미학의 가능성에 대한 데카르트의 의심이 자리 잡고 있다. 그는 마랭 메르센Marin Mersenne에게 다음과 같이 쓰고 있다.

> **아름다움**의 근거la raison를 확정할 수 있는지에 대한 당신의 질문은 당신이 이전에 질문했던 것, 즉 왜 하나의 음색이 다른 음색보다 더 쾌적하냐고 물었던 질문과 완전히 같은 것입니다. **아름답다**라는 단어가 아주 특수하게 시각적 감각과 관련된 것으로 보이는 점을 제외하고는 말입니다. 그러나 철저히 일반화시켜 말하자면, 아름다움이나 쾌적한 것은 대상에 관한 판단과는 전혀 다른 관계를 뜻합니다. 그리고 인간의 판단이 그처럼 다르기 때문에, 우리는 오직 아름다움과 쾌적함이 그 어떤 규정된 척도를 가지지 않는다고만 말할 수 있습니다.[1]

아름다운 것은 어떠한 근거나 합리성을 가지고 있지 않다. 때문에 우리는 그것을 포착할 수 없고, "차라리 어떤 이의 상상le fantasie에 따르자면 세 가지 형태의 분류가 가장 아름다울 것이고, 다른 이에 따르자면 네 가지 또는 다섯 가지 등등의 분류가 가장 아름다울 것이다. 대다수 사람들의 마음에 드는 것이 **가장 아름다운 것**이라고 간단히 명명될 수도 있겠지만, 그 것이 무엇이라 규정될 수는 없다ce qui ne saurait être déterminé"(같은 곳). 아름다운 것이란 규정 불가능한 것이다.

제멋대로인 감관

아름다움을 규정할 수 없다는 데카르트적 규정 때문에, 미학의 이념은 근본적인 두 가지 특징들을 지니게 된다. 첫번째 특징은 아름다움을 감관의 영역 속으로 옮겨 놓은 데 있다. 아름다운 것은 감각의 한 효과다. 때문에 데카르트는 주저 없이 그것을 쾌적한 것l'agréable과 동일하게 놓는다. 이런 근본적인 결정과 대립하는 차이들은 모두 두번째 등급이 된다. 말하자면 자연과 예술 사이의 차이, 주어진 아름다움과 제작된 아름다움의 차이, 수용자와 생산자의 차이, 아름다움의 포착과 제작의 차이가 그러하다. 자연현상에서든[2] 또는 색조와 음향의 예술적 배열에서든[3] 변전하는 인상들

---

1) 메르센에게 보내는 데카르트의 편지, 1630년 3월 18일, René Descartes, Œuvres, Bd. 1, éds. Charles Adam/Paul Tannery, Correspondance, Paris: Vrin, 1974, p.132 이하(Descartes, Brief 1629~1650, hrsg. Max Bense, Köln/Krefeld: Staufen, 1949, S.39 이하).
2) 엘리자베스 공주에게 보내는 데카르트의 편지를 보라. Descartes, Ibid., p.17 이하. 「색깔의 감각적 유희」 장과 비교하라. Pascal Dumont, Descartes et l'esthétique: L'art d'émerveiller, Paris: PUF, 1997, pp.44~62.
3) 다음과 비교하라. Descartes, Musicae Compendium: Leitfaden der Musik, hrsg. und übers. Johannes Brockt, Darmstadt: Wissenschaftliche Buchgesellschaft, 1978. 메르센에게 보내

의 유회를 해명하는 데 있어서, 그것은 데카르트에게 어떤 근본적인 차이를 내지 않는다. 때문에 작품의 생산 측면에서든, 판단의 재생산의 측면에서든, 사람들이 아름다움을 인상 깊게 바라보는 데 있어서든 그것은 결코 근본적으로 다르지 않다. 아름다운 것이 감각적인 것으로 소급된다는 점에서, 지금껏 분명히 차이 나는 것들은 하나의 영역으로 수렴된다. 자연미와 예술미, 예술 창작자와 감상자는 한갓 "감각"의 차이 나는 형태일 뿐이다. 그와 함께 "미학적"인 것이라 불리게 될 영역이 구성된다.

아름다움이 규정 불가능하다는 데카르트적 결정에서 두번째 특징은 아름답다는 감각에서 모든 재현적인 성취Leistung를 부인한다는 점에 있다. 아름다운 인상의 감각적 산출은 아름다움의 제작에서든 파악에서든 결코 객관적인 내용을 가지지 않는다. 아름다운 것에 대한 판단에 관해 메르센에게 보낸 편지에서 데카르트는 그렇게 말한다. 그것은 판정된 대상들에 의존해서 변주되는 것이 아니라, 판단하는 인간에 의존해서 변주된다. "미학적" 판단을 표현하는 미적 효과의 감각적 산출은 판단이 지향하고 있는 것처럼 보이는 대상을 다시금 이해하도록 해주지 않는다. 그것은 모방 없는 산출이다. 그리고 그것은 감상자의 취미Geschmack[4) 속에서 느껴지는 아름다운 인상에 있어서와 마찬가지로 화가, 작곡가 그리고 시인을 통해

는 편지 속에서 데카르트는 당시 출간되지 않은 이 글을 인용한다. 여기에서 감각적인 것에 대한 개념 역시 인용한다(S.5~7).

4) 독일어 Geschmack, 영어 taste는 근대미학의 주요 개념이다. 인식적 판단과는 상이한 (그러나 동시에 그와 연관된) 심미적 판단을 뜻하는 말로서, 보통 '취미'(趣味)라고 번역된다. 칸트에 따르면, 취미란 "아름다움을 판정하는 능력"이다. 통용되는 어법을 고려한다면 '취향'으로도 번역될 수 있겠으나, 두 개념(Geschmack, taste) 모두 어원적으로 혀로 느끼는 '맛'과 연관되어 있고 심미적 특이성을 지칭하는 전문용어이기 때문에, 여기서는 관례에 따라 취미로 옮기기로 한다. 단 여가 시간에 "좋아서 하는 일"이란 의미의 취미(hobby)와 혼동하지 않도록 주의할 필요가 있다.—옮긴이

느껴지는 아름다운 인상에도 적용된다. 그들은 형식들을 제작하지만, 결코 형식들을 재현하지는 않는다. ("미학적") 취미나 ("미학적") 예술 어느 것도 어떤 객관적 규정을 재현할 수 없다. 다시 말해서 취미는 그 대상의 객관적 규정을, 예술은 세계의 객관적 규정을 재현할 수 없다. 왜냐하면 그것들은 "감각"의 형태로서 도무지 어떤 것도 재현하지 않기 때문이다. 데카르트가 미학을 위해 마련한 근본적인 첫번째 특징이 감각이라는 통일 지점을 통해 미학적인 것의 영역을 구성한 데 있다면, 두번째 특징은 그럼으로써 동시에 모든 재현에의 요구로부터 미학적인 것의 영역을 해방한 데 있다. 그렇다면 무엇 때문에 자유로워야 할까?

감각적인 표상들의 내용은 대상들과 그 속성이다. 데카르트에 따르면, 감각적인 표상들은 외부적인 "묘사"Darstellung다. 여기에서 묘사란 실제 대상들과 속성들의 묘사를 말한다. 좀더 정확하게는, 지성을 통해 감각적 표상들을 "검사"prüfen하고 "탐구"untersuchen함으로써, 그 표상들은 비로소 현실적인 것의 묘사가 된다(『성찰』, III. 19, 79[5]). 그렇다면 "내가 그것들 속에서 명석판명하게 통찰하는 것, 말하자면 크기와 길이에 따른 연장, 넓이와 깊이, 이런 연장의 한계에서 유래하는 형태, 위치" 등등을 구분할 수 있을 것이다. 그렇다면 우리는 감각적 표상을 통해서가 아니라, 합리

---

[5] 나는 데카르트 저작을 다음 약호로 인용한다. Descartes, *Meditationes de prima philosophia*(*Meditationen über die Grundlagen der Philosophie*)[이하 『성찰』로 인용]; *Regulae at directionen ingenii*(*Regeln zur Ausrichtung der Erkenntniskraft*)[이하 『규칙』으로 인용]; *Discours de la méthode pour bien conduire sa raison, et chercher la verité dans les sciences*(*Von der Methode des richtigen Vernunftgebrauchs und der wissenschaftlichen Forschung*)[이하 『방법서설』로 인용]. 모든 저작은 다음에서 인용. Descartes, *Philosophische Schriften in einem Band*, Hamburg: Meiner, 1996. [다음을 참조하였다. 『성찰: 자연의 빛에 의한 진리탐구 프로그램에 대한 주석』, 이현복 옮김, 문예출판사, 2009; 『방법서설: 정신지도를 위한 규칙들』, 이현복 옮김, 문예출판사, 2010.]

적 검사를 통해서 그것이 무엇인지 알 것이다.

그러나 빛, 색깔, 음색, 냄새, 취미, 열기, 냉기 그리고 그 밖의 자극적인 성
질과 같은 나머지 모든 것들은 내가 생각하기에 단지 혼란스럽고 어두울
뿐이며, 그래서 결국 나는 그것들이 참인지 거짓인지를 알 수 없다. 다시
말해서 내가 그것들에 관해 가지고 있는 표상들이 어떤 무엇인가의 표상
들인지, 아무것도 아닌 것의 표상들인지를 알 수 없다.(같은 곳)

나의 검사와 명석함에서 빠져나간 감각적 표상들 내부의 모든 것들에
서 감각적 표상 일반이 무엇인지 또는 그 자체로 그 표상이 무엇인지가 보
인다. 감각적 표상들은 현실적인 대상들의 묘사가 결코 아니며, 그것들은
현실적 대상들로부터 "나온" 것이지만, 그 자체로 결코 "유사"할 수 없다
(『성찰』, III. 11, 71). 왜냐하면 감각적 표상들은 하나의 대상으로부터 나오
고 그 대상을 통해서 호출됨으로써, 그것들은 이미 벌써 그 대상을 넘어간
다. 감각적 표상들은 감각기관을 통해서 수용되고empfangen[6] 더 나아가
"공통감각"으로 이송된[7] 인상이 덧붙여지며, 그럼으로써 그것은 비로소
하나의 표상이 된다. 수동적으로 수용된 인상으로부터 나온 이런 표상 산
출은 상상력, 이미지 또는 환상을 통해서 일어난다. 어둡고 혼란스러운 것

---

[6] "그러므로 우리는 우선 다음과 같은 것을 분명히 해야 한다. …… 신체의 부분인 한에서 모든
외적 감각은 엄밀하게 보면 단지 수동적으로(per passionem) 감각한다. 이는 마치 밀랍이 인장
(印章)을 통해 그 형상을 수용하는(recipit) 것과 동일한 방식이다"(『규칙』, XII. 5, 77).
[7] "두번째로 우리가 생각해야 할 것은, 외적 감각이 대상에 의해 자극되어 받아들인 형태는 신체
의 다른 한 부분, 즉 공통감각으로 불리는 부분으로 전달되는데, 그렇지만 그것은 동시적으로
그리고 어떤 한 실재물이 하나에서 다른 하나로 지나감이 없이 이루어진다는 것이다"(『규칙』,
XII. 7, 79).

으로부터 명석판명한 것을 구분하기 위해서, 그럼으로써 하나의 표상에서 묘사하고 인식하기 위해서, 그것들(상상력, 이미지 또는 환상)의 산물들에 검사하는 사유가 덧붙여진다. "인식은 봄도 아니요, 감촉함도 아니요, 상상도 아니라, …… 차라리 그것은 오로지 지성의 통찰이다"(『성찰』, II. 12, 55).

감각에 대한 신뢰를 유보하는 전통, 그것을 인식능력에 대한 원칙적 의혹으로 극단화하는 것만이 새로운 점은 아니다. 무엇보다도 새로운 것은, 감각과는 반대로 지성이 원칙적으로 현실을 인식할 수 있고 현실의 재현을 산출할 수 있다는 주장을 위해 데카르트가 제공해 주는 근거이다. 데카르트에 따르면, 감각이 아닌 오로지 지성만이 행위할 수 있다는 점에 그 근거가 있다. 때문에 오직 지성을 위해 그리고 지성을 통해서만, 인식론과 윤리학이 교차되는 데카르트적 프로그램이 실현될 수 있다. "내 고유한 생각을 개혁하고 철저히 내게 속한 기반 위에서 짓기"(『방법서설』, II. 3, 25). 지성의 생각은 개혁될 수 있다. 왜냐하면 그것을 개혁한다는 것은 그것을 방법적으로, 어떤 규칙적인 추이 속에서 "명백한 직관"으로부터 "필연적인 연역"을 통해 겹겹이 구축하는 것을 뜻하기 때문이다. 결국 생각은 개혁될 수 있다. 왜냐하면 그것은 "우리 지성의 행위"이기 때문이다(『규칙』, III. 4, 17). 왜냐하면 우리는 우리 생각을 "고유한 힘(또는 노력propria industria)으로부터" 산출할 수 있고(『규칙』, X. 1, 63) 거기에서 우리 자신을 "이끌고" "조종"할 수 있기 때문이다(『방법서설』, II. 4, 27/『성찰』, II. 10, 53). 나는 "철저히 내게 속한 기반"과 그 위에서 데카르트가 "구축"하고자 하는 이 기반을 내 안에서 발견하는 것이 아니라, 내 자신이 처음으로 나를 나의 고유한 기반으로 만든다. 내가 나를 행위자로, 나의 생각을 나의 행동으로 만듦으로써, 나는 내 자신을 내가 구축할 수 있는 기반으로 만든다. 그 모든 발걸음 속에서 나를 통해 행해지고, 결국 나를 통해 통제되는 하나의 성취를 이룬다. 그러나 나는 오직 그것을 지성의 영역 속에서만 할 수 있다. 또는 지성은 내가 그것을 할 수 있는(내가 그것을 할 수 있다) 영역이며, 그 영역 속에서 소문자 나ich는 대문자 나Ich다. 데카르트가 인식능력을 행위능력으로 소급하기 때문에(때문에 결국 자기인식의 우위를 통해 주체에 대한 근대적 개념을 도입한 것이 아니다), 데카르트는 오직 지성만을 인식능력으로 간주한다.

반면 "감각"의 영역에서는 어떤 선행하는 "방법"이란 있을 수 없다. 왜냐하면 여기에서는 결코 고유하게 스스로를 이끄는 선행하는 것이란 있을 수 없기 때문이다. 때문에 어떤 인식도 존재할 수 없다. 지성이 행위할 수 있고 그래서 "완전히 내게"tout à moi 속할 수 있다는 점에서 데카르트가 지성이란 인식능력을 근거 지었듯이, 그와는 반대로 감각적 사건에는 내가 없으며ich-los, 그 사건은 그 어떤 행위도 아니라는 점에서 그는 감각이라는 인식능력을 설명한다. 데카르트에게 있어 감각과 지성의 대립에 대한 일반적인 공식은 다음과 같이 말할 수 있다. "눈의 봄은 수동적이지만, 정신의 봄은 능동적이다."[8] 그러나 정확히 말해서 수동성과 능동성의 대립은 여기에서 잘못된 것이다. 데카르트는 수동성에 관해서 단지 이따금씩만 말하고 있다. 더욱이 감각기관 내부 사건의 관점에서 감각의 첫 걸음에 대해서만 그렇게 말하고 있다. 마찬가지로 또 다른 측면에서 자기 주도적이고 자기 통제적인 지성 행위를 표시하기에 능동성 개념은 너무나

---

[8] Catherine Wilson, "Discourses of Vision in Seventeenth-Century Metaphysics", ed. David Michael Levin, *Sites of Vision:The Discoursive Construction of Sight in the History of Philosophy*, Cambridge, Mass.: MIT Press, 1997, pp.117~138. 잇달아 다음을 보라. Dennis L. Sepper, *Descartes's Imagination: Proportion, Images, and Activity of Thinking*, Berkeley u.a.: University of California Press, 1996. 데카르트 철학함의 상이한 단계들 사이에서 세퍼는 이 물음 속에 나타나는 차이들을 상세하게 탐구하고 있다.

규정되지 않는 상태에 있다. 이런 이중적인 불충분성의 ――감각을 위한 수동성 개념과 지성을 위한 능동성 개념 ――이유는 동일하다. 그것은 상상력의 작용 때문이다. 상상력은 감각의 영역에 속한다(왜냐하면 그것은 그 표상들에게 재현의 특성을 부여할 수 없고, 이미지들에 인식의 지위를 부여할 수 없다). 그러나 동시에 그것은 한갓 수용적이지도 않고 인상의 단순한 각인도 아니다.[9] 그것은 공통감각처럼 그 이상의 어떤 것을 줄 뿐만 아니라, 그것은 무엇인가를 생산하며, 무엇인가를 시작한다. ――그 무엇은 그에 맞서 있는 외적으로 각인된 것과 "완전히 다른" 것이다. 상상력은 산출하거나 생산한다.

　더 근접하게 결정할 수 없다면, 능동성 개념은 지성과 상상력의 차이를 표시하는 데 부적합하다. 그 둘은 성취의 심급이자 산출의 심급, 곧 "능동성"의 영역이다. 인식이란 것이 존재할 수 있기 위해서 지성과 감각이 어떤 관계에 있어야만 하는지를 데카르트가 묻는다면, 문제는 수동성과 능동성, 수용성과 자발성, 받아들임과 산출의 관계가 아니다. 문제는 데카르트가 재능ingenium[10]이라고 표시한 것의 두 가지 성취 방식의 관계다. (그

---

9) 공통감각은 직접적인 작용의 메커니즘이고, "글을 쓰고 있는 동안, 내가 지금 개별 문자들을 종이에 표현하는 순간에, 펜의 아래 끝만을 움직이는 것이 아니라 전체 펜을 통해 동시에 받아들이지 않으면 가장 경미하게나마 움직일 수 없다는 사실을 인식하는 것과 완전히 똑같은 방식이다"(『규칙』, XII. 7, 79). 그에 반해서 상상력이나 환상은 "신경 속에서 많은 운동을 야기할 수 있다. …… 이는 상상이 이 운동에 대한 상을 갖고 있는 것이 아니라, 이런 운동을 야기하는 어떤 다른 것만을, 즉 이로부터 그런 운동이 나오게 되는 것만을 갖고 있을 뿐이기 때문이다. 펜 전체는 그 하단부가 움직이는 것과 똑같이 움직이지 않으며, 심지어 그 상단부는 아주 다르고 상반되는 운동을 하고 있는 것처럼 보이기에 말이다"(『규칙』, XII. 9, 81. 저자의 강조).

10) 라틴어로 ingenium은 (사물의) 성격, 본질, (사람의) 천성, 본성, 재주, 재능, 능력, 천재(天才) 등을 뜻하는 말로서, genius(천재, 수호신)와 거의 같은 의미로 사용된다. 아감벤(Giorgio Agamben)에 따르면, 두 라틴어 단어는 모두 인간 속에 숨어 있는 비인격적/전(前)개체적 요소, 즉 "우리 안에 있으나 우리에게 속하지 않는 것"으로서, "우리가 실체적인 동일성에 갇히는 것을 막으며, 우리 자신만으로 충분하다고 하는 자아의 자만을 산산이 깨뜨리는" 요소다.

리고 잉게니움을 "인식력"Erkenntniskraft이라고 번역하는 것은 잘못인데, 왜냐하면 상상력은 그 자체로 자기 자신을 통해 그리고 자기 자신으로부터 나온 어떤 인식의 힘도 아니기 때문이다.) "우리를 보호하기 위해 유일하게 지식 산출이 가능한 지성에게 어떻게 상상력이 손상을 줄 수 있는지, 또는 적용하는 데 있어 온갖 도움을 받기 위해 어떻게 상상력이 사용될 수 있는지에 관해" 데카르트가 질문을 던질 때, 그 두 가지 성취방식들이 어디에서 구분되는지가 명백해진다(『규칙』, VIII. 6, 53). 신체적인 것이 문제가 될 때, 지성은 다른 것들 가운데 도움을 주는 매체로서 상상력을 필요로 한다. 신체적인 것들의 이념은 "상상력 속에서 가능하면 명확하게 표시되어야만 한다"(『규칙』, XII. 11, 83~85). 하지만 그러기 위해서, 상상력은 그것에 낯설고 외적인 지성의 인도하에 있어야만 한다. 상상력은 지성을 통해서 지배되어야만 한다. 여기에서 "지배"란 상상력의 자기 조정 대신에 지성을 통한 외적 조정이 들어선다는 것을 의미하지는 않는다. 왜냐하면 상상력의 자기 조정이란 결코 존재하지 않기 때문이다. 상상력의 모든 조정은 외적 조정이다. 그에 반해 지성의 모든 조정은 자기 조정이다. 이것이 바로 상상력과 지성을 통한 성취 방식들, 산출 방식들 간의 차이다. 상상력의 산출 방식은 무규칙적이고 자의적이다. 그리고 그것이 방법적으로 진취적인 지성을 통한 인도에 상상력이 복속되어야 할 뿐만 아니라, 복속될 수 있는 근거이다. 상상력은 자기 자신으로부터 무규칙적-자의적으로 생산한다. 그것은 자기 고유의 방향을 따르지 않으며, 때문에 임의적으로 방향을 정할 수 있다.[11]

데카르트는 상상력을 ingenium이라 말하는데, 멘케는 거기에서 상상력의 무규칙성과 자의성을 읽어 내고 있으며, 이후 등장하는 "어두운 힘" 개념과 연결시킨다. 여기서 우리는 아감벤과 멘케의 ingenium 해석이 유사하다는 점을 확인할 수 있다. 조르조 아감벤, 『세속화 예찬』, 김상운 옮김, 난장, 2010, 13쪽, 23쪽 참조.—옮긴이

병리학적 효과들

감각적 인상들이 가지고 있는 조력助力과 치유력을 의식하면서, 데카르트
는 아름다움의 비규정성이 표현된, 규칙 없이 변화하는 감각적 인상들의
유희에 시선을 자유롭게 내맡긴다. 엘리자베스 공주에게 보내는 한 편지
에서, 그는 이렇게 권한다. 곧 지독한 우울증에 대비對備하고 그녀의 정신
건강을 지키기 위해서, "덤불의 신선함, 한 송이 꽃의 색깔, 새의 비상 그리
고 전혀 주의를 요하지 않는 사물들을 바라봄으로써, 상상된 것들을 모방
하고, 아무것도 생각하지 않을 것"[12]을 권해 주었다. 감각적인 것의 자의
성에 대한 통찰이 파스칼에 미친 영향은 정확히 대조적이다. 『팡세』*Pensées*
에서 데카르트의 회의는 절망으로 상승된다.

> 인간의 허무vanité를 충분히 인식하고 싶어 하는 사람은 사랑의 원인과
> 결과를 생각해 보기만 하면 된다. 그 원인은 "무엇인지 알 수 없는 그 어
> 떤 것"이다. 코르네유. 그리고 그 결과는 무서운 것이다. 이 "무엇인지 알
> 수 없는 그 어떤 것", 즉 사람들이 알아볼 수 없을 정도로 사소한 이것이
> 전 지구와 왕자들과 군대들, 그리고 전 세계를 뒤흔든다. 클레오파트라의
> 코가 조금만 더 낮았더라면 지구의 전 표면이 달라졌을지도 모른다.[13]

---

11) 그렇지만 도대체 어떻게 완전히 자의적인 것이 조종 가능하단 말인가? 어쨌든 그것은 정
치적 지배의 모델에 따라 사유될 수 없다(왜냐하면 그 지배는 자기 자신을 조종하는 자의 지
배이기 때문이다). 다음과 비교하라. Georges Canguilhem, "Machine et organisme", *La
connaissance de la vie*, Paris: Vrin, 2006, pp.129~164. 특히 p.146.

12) 엘리자베스 공주에게 보내는 데카르트의 편지, 1645년 5월에서 6월, Descartes, *Corres-
pondance*, Bd. 4, p.220.(Descartes, *Briefe 1629~1650*, S.293.)

감각적이고 아름다운 이미지Bild의 근거와 내용을 규정할 수 없지만, 바로 그런 이미지는 "전 세계"를 움직인다. 아름다운 감각적 이미지가 어떤 근거나 합리성raison도 가지고 있지 않다는 점은 유쾌한 놀이가 되는 것이 아니라(데카르트가 말했던 것처럼), 파스칼에 따르면, 가장 경악스러운 위력Macht이다.

『에티카』 1부(「신에 관하여」) 부록에서 스피노자는 이런 감각적 이미지의 이유 없는 위력을 환유적 전도metonymische Verkehrung 과정의 효과로서, 이데올로기의 근본 모델로서 해석한다. "진짜 원인인 것을 결과로, 즉 거꾸로 바라본다."[14]

선, 악, 질서, 혼동, 따뜻함, 차가움, 아름다움, 추함······찬미와 타박, 죄와 봉사······와 같은 개념들은 상상의 양상들임에 분명한데, 그것을 통해서 상상력은 상이한 방식으로 촉발되며, 무지한 사람들은 그것을 사물들의 주요 속성으로 간주한다. 왜냐하면 우리가 이미 말했던 것처럼 그들은 모든 사물들이 그들을 위해서 만들어졌을 것이라고 믿기 때문이다. 그래서

---

13) Blaise Pascal, *Pensées*, éd. Léon Brunschvicg, Paris: Garnier-Flammarion, 1976, 162번 (Pascal, *Gedanken: eine Auswahl*, übers. Ewald Wasmuth, Heidelberg: Lambert Schneider, 1978). 에리히 쾰러(Erich Köhler)의 「'무엇인지 알 수 없는 그 어떤 것', 비개념적인 것의 개념사에 나오는 한 장」을 보라. Erich Köhler, *Esprit und arkadische Freiheit: Aufsätze aus der Welt der Romania*, Frankfurt am Main/Bonn: Athenäum, 1966, S.230~286[『팡세』, 김형길 옮김, 서울대학교출판문화원, 2010, 16쪽. 이 국역본의 각주에는 친절하게도 코르네유 글의 원문이 실려 있다. 그것에 따르면, "종종 표현할 수 없는, 무엇인지 알 수 없는 그 어떤 것이 우리들을 놀라게 하고, 흥분하게 하며 사랑하지 않을 수 없게 만든다"].

14) Baruch de Spinoza, *Ethica*(*Ethik*), Werke, hrsg. Konrad Blumenstock, Darmstadt: Wissenschaftliche Buchgesellschaft, 1967, 1부, 부록, S.151[『에티카』, 강영계 옮김, 서광사, 2001, 58쪽 참조]. 감각적인 것 속에서 "자연 질서를 전도시키는" 경향에 대한 유사한 기술에 대해서는 『성찰』, VI. 15, 149를 보라.

그들은 한 사물로부터 촉발될 때마다, 그 사물의 본성을 선하거나 악하다고, 건강하다 또는 퇴폐적이라거나 부도덕하다고 명명한다. 예를 들어 만일 신경이 눈에 비친 대상들로부터 받아들인 운동이 건강을 보장해 준다면, 그 원인인 대상들은 아름답다고 불릴 것이다. 그러나 반대되는 운동이 야기된다면, 추하다고 불릴 것이다. …… 이 모든 것은 뇌腦의 상태에 따라 모든 사람이 사물들에 대해 판단 내린다는 점을, 또는 상상력의 자극을 사물로 받아들였다는 점을 여실하게 보여 준다.(『에티카』, 153~157)

여기에서 범해진 것은 판단의 실수다. 상상력이 산출했던 감각적 이미지는 사물 자체의 성질들이 잘못 받아들여진 것이다. 그것은 판단이 범한 실수인데, 왜냐하면 그것은 지성을 통해 인도될 수 없기 때문이다(『성찰』, IV. 8, 103~105). 아마도 그것은 판단이 범한 실수인데, 지성이 여전히 연약하고 훈련받지 않았기 때문이며, 아마도 지성이 "빈둥거리고 휴식을 취하고" 있기 때문이다(『규칙』, X. 5, 67). 어쨌든 그것은 상상력의 인상 때문에 범한 실수다. 그러나 그것은 상상력의 위력을 보여 준다. 상상력은 지성 대신에 판단을 규정하는 힘을 가지고 있다.

적어도 이데올로기 비판을 위해서 그렇다. 왜냐하면 그것[이데올로기 비판]은 감각적 판단의 전도에 대한 반대 논증을 통해 설명되기 때문이다. 따라서 상상력에 관한 더 복잡한 개념이 필요하다. 상상력이 무규칙적이고 자의적으로 이미지들을 산출한다는 점은 이 이미지들이 아무것도 묘사할 수 없는 이유와, 상상이 결국 인식일 수 없는 까닭을 설명해 줄 수 있다. 그러나 왜 상상력의 이미지들이 지성을 통해 검사될 수 없을 정도로 우리에게 영향을 미칠 수 있는지는, 그리고 ——파스칼을 지속적으로 경악시켰던 것처럼 ——그것이 그렇듯 존재할 거라daß es so sei 쉽게 판단할 정도로 우리에게 영향을 미칠 수 있는지는 설명해 주지 않는다. 이것을 기술할 수 있기 위해서라도 완전히 다른 개념틀이 요구된다. 즉 "이미지적인 '인상들'의 각인하는 위력('강도')"[15]이 정당화될 수 있는 개념틀이 요구된다. 상상력은 다음과 같이 기술되어야 한다. 곧 상상력은 산출된 방식을 통해 그것이 산출한 것에 위력, 강도, 강렬함, 명증성을 부여한다. 데카르트가 상상력과 지성의 작동 방식을 대조시킨 것은 단지 감각적 이미지들이 어떠한 좋은 근거도 가지고 있지 않다는 점만을 설명해 주고 있다. 그렇지만 상상력의 자의성, 무규칙성, 임의성에 대한 지적은 어떻게 그것이 그처럼 거대한 위력을 가지게 되는지를 설명해 줄 수 없다.

감각적인 것의 '내적 원리'

아름다움에 대한 논의에서 데카르트는 철학적 미학 프로그램을 위해 기초적인 두 가지 특징을 만든다. 첫번째 특징은 미학적 영역이 "감각적인 것"의 영역으로서 구성된다는 점이다. 그럼으로써 지금까지 분명히 구분되던 것, 곧 예술(시학) 이론과 아름다움(형이상학) 이론이 하나의 관점에 수렴된다. 두번째 특징은 감각적인 것을 근거와 합리성이 없는 것으로, 때문에 환원할 수 없는 비규정성ce qui ne saurait être déterminé을 통해 기술한다는 점이다. 왜냐하면 감각적인 것 속에서 자의적이고 무규칙적인 상상력

---

15) David E. Wellbery는 빌란트의 시각에서 그렇게 보고 있다. Wellbery, "Die Enden des Menschen. Anthropologie und Einbildungskraft im Bildungsroman bei Wieland, Goethe, Novalis", *Seiltänzer des Paradoxalen: Aufsätze zur ästhetischen Wissenschaft*, München/Wien: Hanser, 2006, S.70~117. 상상력의 "병리학"은 그것의 "허위진술"에 있다 (S.79).

의 능동성이 영향을 미치기 때문이다. 즐겁기 위해서 감각적인 표상을 산출하는 이런 자유로운 무규칙성을 향유할 수 있다. 또는 지성을 통해서 그것을 통제해서 인식의 보조 수단으로 사용할 수 있다. 상상력에 능동성은 있지만, 본질상 그것은 자기주도의 "지성 행위"와는 대립해 있다.

이런 두 가지 특징을 통해서 데카르트는 형이상학적인 미론美論은 물론 시적-수사학적 예술론의 전통들을 깨트린다. 데카르트적인 기초 위에서 이런 전통들을 재건할 수 있으리라는 예술적 고전주의의 이념은 자가당착이다.[16] 데카르트가 제시한 이중적 특징은 틀림없이 예술뿐 아니라 아름다움에 대한 객관적 규정의 가능성을 파괴한다. 즉 객관적·재현적인 내용을 통한 규정 가능성을 파괴한다. 그 속에서 데카르트가 제시한 이중적 특징은 철학적 미학의 프로그램을 위해 기초적인 것이다. 그것은 철학적 미학 프로그램 일반을 비로소 가능하게 해준다. 그러나 이런 프로그램은 데카르트의 특징들을 뒤쫓는 것에서 끝나지 않는다. 차라리 미학은 그 속에 열린 채 남아 있는 물음, 처음으로 고유하게 제기된 물음, 즉 '상상력의 효과로서 아름다움의 비규정성이 그 압도적인 영향력과 함께 어떻게 사유될 수 있는가'라는 질문에 답하려는 시도와 함께 시작한다. 왜냐하면 상상력의 능동성이 단지 무규칙적이고 심지어 자의적이라고 이해되는 한에서, 그것은 이해될 수 없기 때문이다.

라이프니츠는 이 물음의 답을 위한 결정적인 사상을——더구나 미학을 움직이고 지탱한 근본사상을——공식화한다.[17] 그것은 자기 의식적이고 자기 규정적인 "지성 행위"뿐만 아니라(또는 그것이 처음이 아니라), 우

---

16) Carsten Zelle, *Die doppelte Ästhetik der Moderne, Revisionen des Schönen von Boileau bis Nietzsche*, Stuttgart/Weimar: Metzler, 1995, S.25 이하.

리가 의식하지 못하는 감각적 표상들 역시 이미 하나의 "내적 원리"를 가진다는 사상이다. "지각들", 더욱이 우선은 대개 무의식적인 지각들이 모나드Monad들의 "자연적인 변화들"을 이루며, 이렇듯 "모나드들의 자연적인 변화들은 하나의 **내적 원리**[18]로부터 나타나는데, 왜냐하면 어떤 외적인 근거도 내적인 근거로 흘러 들어갈 수 없기 때문이다."[19][20] 모나드의 "자연적인 변화들"은 언제나 더 확장된 지각들을 산출하는 데에서 기인한다. 그 지각들은 외적인 원인에 의한 것도 아니요, 무규칙적이고 자의적으로 산출된 것도 아니다. 오히려 그 속에서 고유하고 내재적인 동인動因이 실현된다.

하나의 지각에서 다른 지각으로의 이행 또는 변화를 일으키는 내적 원리

---

17) 다음과 비교하라. Robert Sommer, *Grundzüge einer Geschichte der deutschen Psychologie und Aesthetik von Wolf-Baumgarten bis Kant-Schiller*, Hildesheim/New York: Olms, 1975, S.10 이하. S.168 이하; Alfred Baeumler, *Das Irrationalitätsproblem in der Ästhetik und Logik des 18. Jahrhunderts bis zur Kritik der Urteilskraft*, Darmstadt: Wissenschaftliche Buchgesellschaft, 1974, S.38~43. 라이프니츠와 데카르트 사이의 차이로부터 미학을 해석하기 위해서는 카시러를 보라. Ernst Cassirer, *Leibniz' System in seinen wissenschaftlichen Grundlagen*, Hildesheim: Olms, 1980, S.458~472; Cassirer, *Freiheit und Form: Studien zur deutschen Geistesgeschichte*, Darmstadt: Wissenschaftliche Buchgesellschaft, 1994, S.48~66.

18) 『모나드론』의 초안 "나중에 삭제된 12절"에는 다음의 문장이 잇따른다. "사람들은 그것을 활동적인 힘(force active)이라고 부를 수 있다."

19) Gottfried Wilhelm von Leibniz, *Die Prinzipien der Philosophie oder die Monadologie(Principes de la philosophie ou Monadologie)*[이하 『모나드론』으로 인용], §11, *Philosophische Schriften*, Bd. 1, hrsg. Hans Heinz Holz, Darmstadt: Wissenschaftliche Buchgesellschaft, 1965, S.439~483. 특히 S.443. 이미 파스칼도 "섬세한 정신"을 위한 하나의 "원리"를 말한 바 있다. *Pensée*, §1.─다음으로 이것을 보라. Martin Schneider, "Denken und Handeln der Monade: Leibniz' Begründung der Subjektivität", *Studia Leibnitiana*, Bd. XXX(1998), Heft.1, S.68~82[본문에서 세미콜론(;)을 중심으로 앞의 숫자는 『모나드론』의 독일어판 쪽수이고, 뒤의 숫자는 국역본 쪽수다].

20) 『모나드론』의 초안 "나중에 삭제된 12절"에는 다음의 문장이 잇따른다. "그리고 일반적으로 사람들은 그 힘이 변화의 원리 이외에 다른 것이 아니라고 말할 수 있다."

의 활동성 l'action은 **욕구**appetitus라고 명명될 수 있다. 욕구가 얻고자 애쓰는 지각에 항상 완전하게 도달될 수 있는 것은 아니라는 점, 그러나 언제나 어떻게든 무엇인가를 획득하며 새로운 지각perceptions nouvelles으로 내밀린다는 점은 사실이다.(『모나드론』, §15, 445; 258)[21]

하나의 사건이 하나의 행위이기 위해서는 그것이 내적 원리의 표현이라는 점이면 충분하다. 바로 행한 것에 대한 지식은 그것을 위한 필수조건이 아니다. 사람들이 "의식하지 않는", 곧 "마취상태"에 있는 행위 역시 존재한다(『모나드론』, §23, 449; 262). 때문에 데카르트와는 대립해서 라이프니츠는 "내적 원리" 개념을 극단적으로 상이하게 생각하며, 영혼의 **"내적 행위들"**인 감각적 표상들의 산출을 옹호할 수 있다(『모나드론』, §17, 447; 259). 그는 그 개념[내적 원리 개념]을 자아의 지성능력, 곧 자기 검증을 통해 스스로를 자기 고유의 기반으로 만들었던 지성능력, 스스로의 길을 인도할 수 있는 지성능력에 한정하지 않는다. 차라리 그 속에서 구조적으로 의식되지 않는 "욕구들"과 "힘들"[22]을 포착한다. 라이프니츠가 그럼으로써 기획한 또 다른 그림은 낡은 "지각"에서 새로운 지각으로 이행하는 운동으로서 개개의 감각적 표상 산출을 묘사하고 있다. 즉 자의적인 규칙이 아니라 어떤 내적 동인을 통해 인도되는 이행의 운동으로 묘사한다.

---

21) 라이프니츠, 『형이상학 논고』, 윤선구 옮김, 아카넷, 2010, 258쪽 참조.―옮긴이
22) "그 표상들은 영혼의 모나드적 통일성 가운데 있는 내적 행위들이며, 영혼이 힘이라는 사실에서 그것들은 유래하고, 이런 힘 속에 포함된 욕구(conatus)는 한 상태에서 다른 상태로 옮겨 가며, 그것은 이제 갈망(Appetition)이고 그래서 의지의 과정이다"(Wilhelm Dilthey, "Die drei Epochen der modernen Ästhetik und ihre heutige Aufgabe", *Gesammelte Schriften*, Bd. 6, Leipzig/Berlin: Teubner, 1938, S.242~287. 여기서는 S.248).

현재의 모든 표상은 새로운 표상을 목표로 한다. 마치 그것이 표상하는 모든 운동이 다른 운동을 목표로 하는 것처럼 말이다. 그러나 마치 차곡차곡 쌓여 있거나 또는 한꺼번에 밀려들어 북적거리며 그 가운데 형성되는 이루 헤아릴 수 없이 많고 작은 지각들petites perceptions처럼, 영혼이 영혼의 전체 본성을 분명하고 규정적으로 인식하거나 지각한다는 것은 불가능하다. 그것을 할 수 있기 위해서, 영혼은 그 속에 함유된 전체 우주, 다시 말해 하나의 신을 알고 있어야만 한다.[23]

그럼으로써 라이프니츠는 철학적 미학의 프로그램을 공식화했다. 구성적이나 비규정적인 감각적 표상들은 무규칙적이고 자의적이라 이해된 상상력의 효과가 아니며, 때문에 이미 자아의 자기 의식적이고 자기 주도적인 행위의 산물이 아니라, 차라리 이런 대안들의 피안에 있으면서, 의식되지는 않지만 그에 못지않은 "내적 원리"를 통해 인도되는 어떤 운동의 표현으로서 사유되어야 한다. 미학은 감각에 대한 또 다른 사유다. 거기서는 감각적인 것에 대한 가치평가가 달라진다는 점만이 문제가 되는 것은 아니다. 물론 그것도 문제이기는 하다. 하지만 감각적인 것에 대한 기술記述이 달라지기 때문에, 상이한 가치평가가 미학에서 문제가 되는 것이다. 미학에서의 문제는 감각적인 것에 관한 사유다. 그것은 내적으로 지도되거나 원리에 따라 지도되는 활동성과 함께 해소될 수 없는 비규정성을 사유한다. 미학 프로그램의 목표는 자기 의식적인 행위와 인과적 기계론, 자기

---

23) Leibniz, *Die Theodizee von der Güte Gottes, der Freiheit des Menschen und dem Ursprung des Übels*(*Essais de Théodicée sur la bonté de dieu, la liberté de l'homme et l'origine du mal*), §403; *Philosophische Schriften*, Bd. II/2, S.245~247. 라이프니츠는 이 지점을 지적한다. 『모나드론』, §23, S.449.

주도적 행위와 자의적 기획이라는 데카르트적 대안들의 저편에서 감각적인 것을 사유하는 것이다. 왜냐하면 그것의 표상 산출이 자기 의식적이고 자기 통제적인 방법적 이성작용의 행위 속에서 해소될 수 없기 때문이다. 동시에 감각적 표상 산출은 한갓 인과작용의 연관도 아니고 자의적이고 임의적인 유희도 아니다. 차라리 그것은 의식되지 않은 원리이더라도 고유하고 내적인 원리에 따라 움직이는 작동이다. 그래서 파스칼이 경악하며 발견했던 그 위력은 감각적 표상들에 귀속된다. 왜냐하면 그 표상들은 지성에게 접근 가능한 지반을 주지 않기 때문이다. 미학 프로그램은 자기 의식적인 행위와 인과적 기계론, 자기 주도적 행위와 자의적 기획이라는 데카르트적 대안들의 저편에서 감각적인 것을 사유하는 것을 목표로 삼는다. 그와 동시에 미학 프로그램은 이런 대안들 자체를 대상으로 삼는다. 만일 이 데카르트적 대안들의 저편에서 감각적인 것이 사유되어야만 한다면, 이런 대안들의 측면들——자기 의식과 자기지도 개념, 앎과 행위 개념, 기계론 개념 그리고 유희와 상상의 무규칙성——역시 다르게 사유되어야만 한다.

힘과 능력

라이프니츠의 반反데카르트적 요구, 즉 감각적 표상들의 상상을 하나의 내적인 원리로부터 나온 운동으로서 사유하라는 요구는 미학의 프로그램이다. 미학은 감각적인 것의 내적 원리와 '규정할 수 없다'는 데카르트적인 감각적인 것에 대한 결정을 철회하지 않고서, 감각적인 것을 활동성으로서 사유하려는 시도이다. 그러나 라이프니츠가 이런 "미학적" 요구를 위해 발견한 공식들에는 이미 내적 긴장이 삼투되어 있다. 이런 긴장은 직접적으로 라이프니츠와 관련된 미학 이론 가공을 위한 단초들 속에서는 해소할 수 없고 조정할 수 없는 것으로서, 오늘날까지 지속되는 싸움으로 유지되고 있다. "모든 순간"에 "우리 속에는 의식적인 지각과 반성 없는 지각들의 무한한 다수"[24]가 존재한다고 라이프니츠는 쓰고 있다. "그것들은 '무엇인지 알 수 없는 그 어떤 것'을, 무엇인가에 의거한 이 취미를 형성하고 있다." 그리고 거기에서 라이프니츠는 교대로 두 가지 관점을 제시한다. 하나의 관점에 따르면, 방법적으로 의식적으로 포착할 수는 없지만, 그런 지각들을 통해——감각에 대한 데카르트 이론이 이해할 수 없는 방식으로——우리를 둘러싼 사물들은 우리에게 적합해진다. 다른 관점에 따르면, 그 지각들은 하나의 "영향력" 또는 지성의 판단보다 훨씬 더 큰 위력을 가지고 있다. 그 위력은 무한하고 조망할 수 없는, 저절로 상호相互 산출하고 상호 변화하는 이미지들의 "연속" 속으로 우리를 이끈다. 첫번째 관점에서 감각적 활동성의 "내적 원리"는 일종의 능력이다. 그 산출 능력은 적확한 감각적 인식인 것만큼이나 규정할 수 없는 인식이다. 바움가르텐은 미학의 대상과 프로그램을 그렇게 정의할 것이다. 다른 관점에서 감각적 활동성의 "내적 원리"는 일종의 힘이다. 그 힘은 우리를 형성하는 무의식적 표상들을 언제나 더 확장해서 변형한다. 바움가르텐을 비판하면서 헤르더는 그렇게 미학을 새롭게 근거 지을 것이다. 그것은 미학의 영역을 처음부터 분열시킨 싸움이다. 즉 운동의 내적 원리가 감각적 표상들 속에서 인식적

---

24) Leibniz, *Neue Abhandlungen über den menschlichen Verstand*(*Nouveaux essais sur l'entendement humain*)[이하 『논문들』로 인용], 「서론」, *Philosophische Schriften*, Bd. 3, S.21. 다음의 인용문은 Leibniz, Ibid., S.25. 이 부분에 대한 이중적 독해를 위해서는 다음을 보라. Gilles Deleuze, *Differenz und Wiederholung*, übers. Joseph Vogl, München: Fink, 1992, S.269~271.

실천 능력으로 산출되는가, 아니면 무의식적 표현의 힘으로 산출되는가의 싸움이다. 그것은 동시에 어떻게 인간이 사유되어야 할지에 관한 싸움이다. 그것은 미학이 발명된 이래로 철학을 분열시킨 싸움이다.[25]

---

25) 네 개의 작업 덕분에 다음의 숙고를 위해 중요한 지적 자극을 받았다. 능력 개념에 관해서는 Andrea Kern, *Quellen des Wissens: Zum Begriff vernünftiger Erkenntnisfähigkeiten*, Frankfurt am Main: Suhrkamp, 2006; Matthias Haase, *Conceptual Capacities*, Potsdam Univ., Diss., 2007. 힘과 능력의 차이에 관해서는 Thomas Khurana, "Sinn und Gedächtnis", *Sinn und Gedächtnis: Die Zeitlichkeit des Sinns und die Figuren ihrer Reflexion*, München: Fink, 2007; Dirk Setton, *Unvermögen-Akrasia-Infantia Zur problematischen Struktur rationaler Vermögen*, Potsdam Univ., Diss., 2006.

2장 | 실천 : 주체의 연습

'Je ne sais quoi'(무엇인지 알 수 없는 그 어떤 것), 이것은 감각적인 것의 영역에서 무엇이 일어나고 있냐는 물음에 대한 합리주의 철학의 대답이다. 감각적으로 표상하는 자는 그가 표상하고 있는 것이 무엇인지 모르며, 철학은 어떻게 감각적인 표상이 길을 잃게 되는지를 알지 못한다. 오직 그것이 규칙 없이 제멋대로 길을 잃게 된다는 점만을 알고 있다. 감각적인 표상은 근본적으로 비규정적이다. 그것은 어떤 규정에도 이르지 않으며, 철학적 규정에서 빠져나간다. 그러나 만일 감각적인 것이 어떤 "내적 원리"로부터 나온 하나의 "행위"로서 이해되어야만 한다면(그렇다 하더라도), 감각적인 것의 영역 탐구는 가능해진다. 이것이 소위 미학적 탐구 영역을 연 라이프니츠의 행보였다. 바움가르텐이 시에 대한 논문[1]에서 처음 그 말을 해명한 것에 따르자면, "미학"은 감각적인 것aistheta[2]의 철학적 탐구와 다

---

1) Alexander Gottlieb Baumgarten, *Meditationes philosophicae de nonnullis ad poema pertinentibus*(*Philosophische Betrachtungen über einige Bedingungen des Gedichtes*)[이하 『시』로 인용], hrsg. Heinz Paetzold, Hamburg: Meiner, 1983.

른 것이 아니다. 따라서 그것은 감각적인 것의 철학적 탐구 가능성에 대한 주장이다. 바움가르텐에게 미학의 "창시자"[3]라는 칭호를 얻게 해준 그의 결정적인 행보는 이런 프로그램을 그처럼 이해하고 수행한 점에 있다. 감각적인 것은 모든 다른 것처럼 철학적 탐구의 한 대상이다. 결국 바움가르텐에게 그것은 지성 행위와 마찬가지로 철학적 탐구 대상이다. 지성 행위를 철학적으로 탐구한다는 것은 규범적으로 성공하기 위해서, 곧 거기에서 지성이 향해 있는 선——세계의 재현——에 도달하기 위해서, 지성이 어떤 길로 나아가야만 할지를 찾아내는 것을 뜻한다. 바움가르텐의 의미에서 미학의 기본적인 특징은 감각적인 것도 그렇게 철학적으로 탐구될 수 있다는 점을 보여 주는 데 있다.

감각적 명석성

짧은 텍스트, 「인식, 진리 그리고 이념들에 관한 성찰」에서 라이프니츠는 바움가르텐의 "미학" 개념의 핵심을 형성하는 사상을 공식화한다. 이 사상에 따르면, 감각적인 표상, 곧 "색깔, 냄새, 취미감각들"과 같은 것처럼 우

---

2) "이미 그리스 철학자들과 교부 철학자들은 항상 조심스럽게 아이스테타(αἰσϑητα)와 노에타 (νοητά)를 구분했다. …… 따라서 노에타는 상위의 인식능력을 통해 인식될 수 있는 것이자 논리학의 대상이고, 그에 반해서 아이스테타는 감각적인 인식의 대상 또는 미학의 대상이다"(바움가르텐, 『시』, §CXVI).

3) Georg Friedrich Meier, *Anfangsgründe aller schönen Wissenschaften*, Bd. 1, §2, Halle: Hemmerde, 1754, Reprint, Hildesheim: Olms, 1976, S.3. 모든 비판에서 헤르더도 그러하다. Johann Gottfried Herder, *Über die neuere deutsche Literatur: Fragmente, als Beilagen zu den Briefen, die neueste Literatur betreffend: Dritte Sammlung, Werke*, Bd. 1 (*Frühe Schriften 1764~1772*), hrsg. Ulrich Gaier, Frankfurt am Main: Deutscher Klassiker, 1985, S.367~540. 특히 S.397.

리가 감각적인 길 위에서 형성하는 표상들도 결국 "명석"할 수 있다.[4] "내가 그로부터 묘사된 사태를 재인식할 수 있는 그런 표상을 가지고 있다면", 라이프니츠는 그 표상을 "어둡다"는 것과 대조되게 "명석하다"고 명명한다(「고찰」, 33; 11). 만일 내가 이 표상에 근거해서 대상을 동일한 것으로서 인식할 수 있다면, 빨간색에 대한 나의 표상 또는 하나의 시각에 대한 나의 표상은 명석하다. 그것을 위해서 나의 색깔표상 또는 시각표상이 "판명"하기까지 할 필요는 없다. 하나의 "판명한 개념"이란 "우리가 충분한 표식의 열거에 다름 아닌 유명론적 정의Nominaldefinition를 소유하고" 있는 것 가운데 하나다(「고찰」, 35; 13). 그러므로 감각적인 표상들은 규정되지만 정의될 수 없고, 결국 "혼동"스럽지만 동시에 "분명"하고 "어둡"지는 않다.[5]

그래서 우리는 색깔들, 냄새, 취미감각들을 충분히 명석하게 인식하고 그것들을 서로 구분한다. 하지만 그것은 발화할 수 있는 표식에 근거해서가

---

4) Leibniz, "Betrachtungen über die Erkenntnis, die Wahrheit und die Ideen(Meditationes de cognitione, veritate et ideis)"[이하 「고찰」로 인용-], *Philosophische Schriften*, Bd. 1, S.33~47. 바움가르텐에 대한 이런 숙고의 의미에 대해서는 카시러를 보라. Cassirer, *Philosophie der Aufklärung*, Hamburg: Meiner, 1998, S.458; Ursula Franke, *Kunst als Erkenntnis: Die Rolle der Sinnlichkeit in der Ästhetik des Alexander Gottlieb Baumgarten*, Wiesbaden: Steiner, 1972, S.44 이하. 무엇보다도 다음과 관련해서는 Jeffrey Barnouw, "The Beginnings of 'Aesthetics' and the Leibnizian Conception of Sensation", ed. Paul Mattick, *Eighteenth-Century Aesthetics and the Reconstruction of Art*, Cambridge: Cambridge University Press, 1993, pp.52~95. 특히 p.82 이하[본문에서 세미콜론(;)을 중심으로 앞의 숫자는 「고찰들」의 독일어판 쪽수이고, 뒤의 숫자는 국역본 쪽수다].

5) 라이프니츠는 데카르트를 비판하면서 인식을 보다 섬세하게 분별한다. 그에 따르면, "인식은 애매(obscura)하거나 명석하다. 명석한 인식은 다시 모호(confusa)하거나 판명(distincta)하다. 판명한 인식은 비충전적(inadaequata)이거나 충전적(adaequata)이다. 그리고 마찬가지로 충전적인 인식은 상징적(symbolica)이거나 직관적(intuitiva)이다. 가장 완전한 인식은 충전적이면서 동시에 직관적인 인식이다." 명료하게 도표로 작성하면 다음과 같다.

아니라, 감관의 단순한 증거에 근거해서 그렇다. 그래서 우리는 맹인에게 빨간색이 무엇인지를 설명할 수 없으며, 그와 같은 종류의 다른 것들도 명료하게끔 할 수 없다. 만일 우리가 그런 것들을 현재적 사태 앞으로 인도하지 않고, 그들이 동일한 것을 보고, 냄새 맡거나 맛보는 것에 영향을 주지 않으면 말이다. 또는 우리가 그들에게 적어도 어떤 방식으로든 유사한 과거 지각을 기억나게 하지 않으면 말이다. 물론 자기 근거causas sua를 가지기 때문에, 비록 이런 속성들의 개념이 구성되고 해소될 수 있다는 것이 확실하더라도 말이다.(「고찰」, 33~35; 11~12)

빨간 것에 대한 나의 지식은 정의 속에서 표현될 수 없다. 그럼에도 불구하고 나는 왜 이 색깔을 "빨갛다"라고 명명하는지에 대한 근거들을 제시할 수 있다(예를 들어 내가 보통 "빨갛다"고 명명하는 것을 가리킴으로써 말이다). 우리가 정의의 형태로 표현할 수 있는 "판명한" 앎의 영역과는 달리, 이것은 오직 누군가에게만, 곧 색깔들을 이미 잘 알고 있는 누군가에게만 접근할 수 있는 근거들이다. 정의로는 표현될 수 없는 이런 정통함이 바로

인식				
애매	명석 (재인식 가능)			
재인식불능/ 기억불능	모호	판명 (개념적으로 분별 가능)		
	감각적인 것	비충전적	충전적(충분한 개념 분석)	
		불완전한 개념규정	상징적	직관적
			대상의 본질을 한 번에 조망하지 못하고 기호를 사용하는 경우. 예컨대 천(千)각형	가장 완전한 인식

라이프니츠, 「인식, 진리 그리고 이념들에 관한 성찰」, 『형이상학 논고』, 윤선구 옮김, 아카넷, 2010, 9~15쪽.─옮긴이

감각적 인식의 근거다.

라이프니츠에 따르면, 결국 감각적 표상들은 "명석한 동시에 혼동스럽다"(『논문들』, 455). 라이프니츠는 데카르트가 감각적인 것의 영역에서 비규정적이고 그래서 규정할 수 없는 것으로 결정했던 '무엇인지 알 수 없는 그 어떤 것'을 두 가지 관점에서 분할한다. 내가 색깔이나 형태와 같은 감각적 소여성에 대해 가지고 있는 이념들을 내가 "단지 사례를 통해서만" 알고 있기 때문에, 사람들은 "나머지에서 내적 접합점을 해독할 때까지 그것이 '무엇인지 알 수 없는 그 어떤 것'이라고" 말해야만 한다(『논문들』, 455). 그러나 동시에 "사태를 인식하고 구분하기 위해서"(『논문들』, 455)라면, 색깔이나 형태와 같은 감각적 소여성에 대해 내가 가지고 있는 이념들이면 충분하다. 비록 내가 알고 있는 것이 무엇인지 정확히 모르고 정확히 정의 내리지 못하더라도, 나는 무엇인가를 알고 있다. 라이프니츠는 알 수 있음과 정의할 수 있음을 구분하고, 그것을 통해 감각적인 것의 영역을 인식론적으로 탐구 가능한 영역, 곧 "미학"의 영역으로 만든다.

그래서 라이프니츠적 특징의 재공식화는 바움가르텐의 시에 대한 고찰, 곧 "미학"이란 표현의 도입과 함께 끝나는 시에 대한 고찰의 처음 부분에 위치한다(『시』, §CXVI). 여기서 바움가르텐은 라이프니츠가 구분한 "어둡"고 "명석"한 것 사이를 다음과 같이 재공식화한다.

어두운 표상들 속에서는 표상된 것을 재인식하고 그것을 다른 것들로부터 구분하기에 충분한 특징을 가진 많은 표상들이 포함되어 있지 않다. 그럼에도 불구하고 그것들은 명석한 표상들 속에 포함되어 있다per definitionem.(『시』, §XIII)

그리하여 바움가르텐은 이렇게 말할 수 있다. 표상들의 명석성은 그것들의 판명성, 결국 정의 가능성에 의존하지 않는다고 말이다. 감각적인 표상들도 명석할 수 있다. 만일 사람들이 감각적인 표상들과 함께 어떤 것을 동일한 것으로, 어떤 것을 어떤 것으로 (재)인식할 수 있다면, 바로 그러하다. 오직 그 때문에 "인식"이라 불릴 수 있는 감각적 인식은 지성의 인식과 그것을 공유한다. 그래서 감각적 인식은 바움가르텐에게는 "판명성의 아래쪽에 남아 있는 표상들의 총계"다. 그러나 동시에 감각적 인식은 이성적 인식과 유사한 것, 곧 "이성의 유사물Analogon"[6]이다.

　　감각과 이성의 구조적인 유사성은 감각적 인식 역시 재인식으로서, 자기 규제의 확장Fortsetzen으로서 이해될 수 있다는 점과 관련된다. 따라서 빨간색이나 형태를 재인식할 때마다, 나는 동일한 원리를 따르고 있다. 이런 확장의 원리는 빨간색이나 형태가 존립하고 있는 것을 결정한다. 더 나아가 모든 개별적인 감각적 인식 행위는 구조적으로 그것이 어떤 원리의 실현으로서, 일반적인 것의 특수한 적용으로서 이해될 수 있다. 더구나 바움가르텐도 이따금씩 정의가 인식 "원리"의 이상적인 내용, 결국 재인식을 가능케 하는 일반적인 것의 이상적인 내용인 것처럼 말하고 있다. 그러나 인식 일반에 있어서 "혼동과 같은 것이 필연적으로 혼합된다"(『미학』, §7)는 통찰을 통해서, 이성적인 인식과 감각적인 인식이 다른 종류의 것이지만 같은 정도로 나타나는 구조가 중심을 차지한다. 정의에 근거를 두고 있는 이성적인 인식처럼, 재인식으로서의 감각적인 인식은 특수한 대상을 다른 것과 같은 것으로서 동일화하는, 곧 동일한 일반자의 한 경우로서 특

---

6) Baumgarten, *Aesthetica*(*Ästhetik*)[이하 『미학』으로 인용], hrsg. und übers. Dagmar Mirbach, Hamburg: Meiner, 2007, §17. 다음과 비교해 보라. §1과 §9.

수한 대상을 동일화하는 구조를 가지고 있다. 감각적인 표상들이 이렇듯 일반자의 산출과 적용의 율동적인 운동을 따르는 한에서, 라이프니츠가 "내적 원리"라고 지칭했던 것 역시 그것[감각적 표상]들에도 적합하다.

이런 감각적인 것에 대한 새롭고 "미학적인" 고찰방식은 이제 감각적인 표상들 역시 어떤 규범적인 구분을 적중시킬 수 있는 것으로 간주된다는 점에서 가장 분명하게 표현된다. 동시대의 취미이론가들에게 감각적인 것은 더 이상 외부로부터는, 곧 지성을 통해서는 판단될 수 없는(판단되어서는 안 되는) 하나의 영역이다. 차라리 감각적인 것은 그 자체가 하나의 규범적인 구분 능력이다. 감각적인 것은 올바른 것과 틀린 것의 내적인 구분을 가지고 있다. "따라서 좋은 취미와 나쁜 취미가 존재한다." 즉 어떤 대상의 완전성을 포착하는 "완전한 취미"와 그러지 못한 "부족한 취미"가 존재한다.[7] 거기에서 감각적인 확정과 판정은 "어떤 토론도 없이", "갑작스러운 느낌"Empfindung 속에서 그 대상들을 파악한다. "그 느낌은 우리가 그것을 검사하기 이전에 그것이 무엇인지를 가르쳐 준다."[8] 대상의 그 파악은 결코 감각적 표상들에 외적인 성취가 아니다. 곧 지성의 검사를 통해서 확정되고 확보된 성취가 아니다. 그것은 감각적 표상 자체가 목표로 하고 있는 것이다. 이렇듯 감각적 표상 자체에 접근 가능한 규범적인 성공

---

7) Jean de la Bruyère, *Les Caractères ou les moeurs de ce siècle*, I. 10, *Œuvres complètes*, éd. Julien Benda, Paris: Gallimard, 1951, p.67. 취미 개념의 역사에 관해서는 다음을 보라. Alfred Baeumler, *Das Irrationalitätsproblem in der Asthetik und Logik des 18. Jahrhunderts bis zur Kritik der Urteilskraft*, Darmstadt: Wissenschaftliche Buchgesellschaft, 1967. passim; Fr. Schümmer, "Die Entwicklung des Geschmacksbegriffs in der Philosophie des 17. und 18. Jahrhunderts", *Archiv für Begriffsgeschichte*, Bd. I(1955), S.120~141.

8) Jean-Baptiste Dubos, *Réflexions critiques sur poësie et peinture*, Paris: Pissot, 1770(Aufl.1. 1719), Reprint, Geneva: Slatkine, 1967, Buch. 2, Sect. XXII, p.344, p.343.

은 지금까지 인식의 올바른 확장에 있으며, 동일한 것으로서 어떤 것의 올바른 재인식에 있다. 미학적으로 고찰해 보면, 감각적인 표상은 그 자체로부터 유래하며, 따라서 지성의 방법적 인도나 검사 없이도 진리를 밝힐 수 있다.[9]

연습

감각적 표상에 관해 말하고 있다는 점에서, 라이프니츠의 「고찰들」은 바움가르텐이 전개한 미학의 배아세포로서 간주될 수 있다. 그러나 그것만이 아니다. 이런 통찰에 도달한 방식wie에 있어서도 라이프니츠의 「고찰들」은 바움가르텐 미학의 배아세포이다. 말하자면 라이프니츠가 감각적인 것을 새롭게 규정하기 위해 도입한 증명Evidenz의 방식, 증거 방식을 통해서 그러하다. 우리가 감각적인 인식을 위한 근거들을 가지고 있지만, 그것이 정의가 아니라 사례라고 확정하는 것과 직접적으로 연관해서, 라이프니츠는 다음과 같이 쓰고 있다.

> 우리가 보기에, 유사한 방식으로 화가와 다른 예술가들은 올바르게 만들어진 것과 잘못 만들어진 것을 제대로probe 알고 있다. 그런데 그 경우 그들은 종종 판단의 근거를 제시하지 못한다. 그리고 질문자에게 그들이 뭔

---

9) 바움가르텐은 확장된 의미로서 "미학적 진리"라는 개념을 사용한다. 곧 대상 규정의 질서 잡힌 복잡성 가운데 있는 대상 인식으로서 말이다. 이 점에 대해서는 S.40 이하를 보라. 그리고 이 점에 대해서는 페졸트가 상세하게 서술하고 있다. Heinz Paetzold, *Ästhetik des deutschen Idealismus: Zur Idee ästhetischer Rationalität bei Baumgarten, Kant, Schelling, Hegel und Schopenhauer*, Wiesbaden: Steiner, 1983, S.29 이하.

가 잘못 재었다고 말하지만, 나는 대상 속에 그들 마음에 들지 않는 것이 무엇인지 모른다nescio quid.(「고찰들」, 35; 12)

여기에서는 예술가들의 실천이 라이프니츠에게 의미가 있다. 왜냐하면 명석판명하지는 않지만 "제대로"라고 불릴 수 있는 감각적 포착과 판정들이 존재한다는 점이 그들의 실천에서 예증적으로 보이기 때문이다. 다시 말해 그런 포착과 판정이 함께 작동하는 기준, 그런 기준이 정의되지 않는 상황에서도 감각적 포착과 판정이 존재하기 때문이다. 라이프니츠에게 예술가들과 그들의 실천은 감각적인 것에 특이한 할 수 있음Können, 곧 파악하고 판정할 수 있음의 사례를 제공한다. 그런 할 수 있음은 결코 정의 내려질 수 없지만, 그럼에도 불구하고 적확한 결과들을 가져온다. 따라서 그것은 일종의 간결한 미학적 반성이며, 라이프니츠가 데카르트에 반대하여 기초적이고 새로운 통찰로 (또는 이런 통찰을 위한 결정적인 증명으로) 이끈 예술과 예술가의 실천에 대한 반성이다. 그리하여 감각적인 것은 고유한 규범성의 성취로서 분석될 수 있다. 예술에 관한 그런 일별—瞥은 감각적인 것에 대한 이해를 전체적으로 변화시킨다.

이런 변화는 훨씬 멀리까지 미쳐 있다. 그래서 미학에서의 문제가 감각적인 것의 "평가절상" 또는 "복권"이란 확장된 공식으로 제시될 수 있는 것 이상으로 그 변화는 더 애매하고 더 근본적이다. 더 나아가 데카르트에 반대해서 사람들이 그것[감각적 표상]을——역시——활동성의 한 형식으로 결정할 때, 데카르트에 반대해서 감각적인 표상이 단지——역시——"명석한" 인식의 한 형태로서 이해될 수 있는 점이 이미 제시되었다. 명석한 인식의 한 형태로서 감각적인 표상을 이해한다는 것은 그것을 어떤 "내적 원리"에서 유래한 성취로서, 그리고 결국 (라이프니츠의 개념 사용에 관해 본문 29쪽 "내적 원리" 부분 참조) 일종의 활동성으로서 이해한다는 것을 의미한다. 오직 근대철학의 중심 개념, 곧 데카르트의 "자아"를 포함한 모든 개념들을 개정할 때에만, 미학은 활동적인 존재의 한 방식으로 감각적인 것을 이해하는 데 성공할 수 있다. 미학이 예술 경험, 예술 산출 및 예술적 고찰 경험을 진지하게 다룸으로써, 이런 미학의 발걸음 역시 더욱더 멀리 그리고 근본적으로 나아간다.

그 곁에 바움가르텐 미학 속에 있는 하나의 관점이, 곧 동시대의 취미이론가들을 통해 이미 부각되었던 관점이 중심부에 놓인다. 장 바티스트 뒤보는 감각적인 인식이 자연적인 소질에서 기인하며, "그 소질을 빈번하게 사용하고 경험함으로써 완성된다"[10]고 쓰고 있다. "일반적인 원리를 세우고 그로부터 추론 결과들의 사슬을 도출하는" 철학자들의 방법적 선행과정에 얽매이는 대신에, "느낌Empfindung에 대한 친밀함과 연습pratique"을 가진다는 점은 뒤보에게 성숙함의 표시이고, 인간 이성의 완전성의 표시이다.[11] 마찬가지로 흄은 뒤보에게서 직접 차용한 용어로, 오직 "연습"practice을 통해서만 "취미의 순수성"에 도달할 수 있다[12]고 적고 있다. 비록 바움가르텐이 『미학』의 시작부에서 감각적인 것의 "유비적인" 새로운 규정에 따라 "운 좋은 미학자의FELIXIS AESTHETICI 성격"(『미학』, § 27)을 탐구하기는 하지만, 그는 언제나처럼 가장 상세한 (그리고 창조적인) 방식으로 연습을 다루고 있다. 왜냐하면 그것[미학자의 성격]이 전개되기 위해서는 "(1) 전체 영혼의 자연적인 기질dispositio이 천부적인 아름다운 사

---

10) Dubos, *Réflexions critiques sur poësie et peinture*, Buch. 2, Sect. XXIII, p.369 이하.
11) 다음과 비교하라. Dubos, Ibid., p.358.
12) David Hume, "Of the Standard of Taste", *Essays. Moral, Political, and Literary*, ed. Eugene F. Miller, Indianapolis: Liberty Fund, 1985, pp.226~249. 여기서는 p.235, p.237.

상이 되는 …… 타고난 자연적인 미학"(『미학』, §28)이 요구될 뿐만 아니라, "(2) 훈련과 미학적 연습EXERCITATIO AESTHETICA"이 요구되기 때문이다 (『미학』, §47).

> 2부에서 말했던 자연은 아주 짧은 시간 동안에도 동일한 단계에 머물 수 없다. 그래서 만일 자연적 소질이나 자연적 솜씨vel dispositiones vel habitus 가 지속적인 연습을 통해 증대되지 않는다면, 아무리 커다란 소질이 부여 되었더라도, 그것은 상당히 약해지고 시들해진다.(『미학』, §48)

연습, 습관 그리고 빈번한 사용은——예술에 시선을 두는 미학에게는 그렇게 보인다——감각적인 성취가 완성될 수 있는 유일한 방식이다. 그럼 으로써 연습, 습관 그리고 빈번한 사용은 합리주의의 개혁적인 기획이라 고 공식화된 대안들, 즉 이성을 통한 감각적인 것의 외적 지도 또는 이성 속에서의 방법적 진척과 같은 대안들에 대한 미학적 대안이다. 올바른 연 습은 감각적인 것에 대한 "결코 폭정Tyrannei이 아닌 지배"(『미학』, §12)를 행사하는 올바른 방식이다. 말하자면 그것은 미학적으로 형성된, 감각적인 것 자체를 통한 지배다.

그러나 예술가의 연습의 시각에서 미학은 감각적인 성취의 완성에 유 일하게 적합한 방식이라는 통찰만을——그와 함께 "폭정", 결국 합리주의 가 선전하는 조종프로그램의 부당성과 비능률성에 대한 통찰——얻는 것 은 아니다. 감각적인 성취가 오직 연습, 습관 그리고 빈번한 사용을 통해서 만 완성될 수 있다는 점은 차라리 합리적인 것과는 구분되는 특이한 방식 과, 감각적인 것이 어떤 "내적 원리"에서 나온 성취로서 그와 함께 "활동 성"으로서 파악되어야만 하는 방식에 대한 통찰에로 이끈다. 오직 나 자신이 행할 수 있는 것만을 나는 연습할 수 있다. 연습은 그것 자체를 행할 수 있는 것을 목표로 한다. 그리고 단지 내 마음대로 할 수 없는 것만을 나는 연습해야만 한다. 그것은 연습을 필요로 한다. 그것을 행할 수 있기 위해서 (더구나 잘하기 위해서) 무엇인가를 행하고자 원하는 것으로는 충분치 않다. 그리하여 예술에 대한 미학적 시각에서 획득되었던 연습의 의미에 대한 통찰은 동시에 그 속에서 연습된 것 ——감각적인 파악과 판정의 성취 성격에 있어서 —— 에 대한 새로운 통찰을 포함하고 있다. 감각적인 파악은 나의 활동이지, 한갓 수동적인 인상이나 임의적인 효과는 아니다. 그렇지만 나는 이런 활동성을 하나의 "방법"을 따르듯이 실행하지는 않는다. 활동성이 ——데카르트에게 지성의 활동성 ——이런 활동성에 대한 앎의 적용으로서 이해될 수 있는 곳에서 나는 하나의 방법을 따를 수 있다. 여기에서 앎이란 이런 활동성의 실행 이전에, 그리고 이런 활동성의 실행과는 독립적으로 주어진 것이다. 결국 이것은 어떤 이론의 적용이다. 데카르트에게 그것은 "나의 고유한 사상을 개혁하고 나에게 완전히 속해 있는 하나의 지반 위에 건축하는 것"[13]을 뜻한다. 연습한다는 것은 감각적인 파악도 역시 하나의 활동성이지만 결코 그와 같은 종류의 활동성은 아니라는 점을 보여 주고 있다. 그것은 활동하는 자 자신이 적용에 앞서 가지고 있는 어떤 이론의 적용으로 이해될 수 있는 활동성이 결코 아니다. 감각적인 파악이 연습될 수 있다는 점은 내가 그 파악 속에서 활동 중이라는 것을 보여 준다. 감

---

13) 이 인용문에 대해서는 ——데카르트에게 있어 이론과 실천의 관계에 관해서는 —— S.14를 보라. 다음과 비교하라. Canguilhem, "Descartes und Technik", *Wissenschaft, Technik, Leben: Beiträge zur historischen Epistemologie*, Berlin: Merve, 2006, S.1~15. 특히 S.7 이하. 캉길렘의 결론에 따르면, 이론의 우위 덕분에 "데카르트적 철학에서 어떤 창작 이론도, 즉 근본적으로 어떤 미학도 존재하지 않는다"(S.14).

각적인 파악이 연습되어야만 한다는 점은 내가 그 파악 속에서 어떻게 활동 중인지를 보여 준다. 말하자면, 이런 성취에 선행하고 그것을 조종하지만 그로부터 분리되지 않고 하나의 이론으로 공식화될 수 없는 어떤 내적 원리의 성취 속에서 활동한다는 것을 보여 준다.

영혼이 주체다

방법을 따르고 이론을 적용하지 않는다면, 어떻게 내가 감각적인 성취들 속에서 활동하는지, 그 물음의 답은 내가 그 속에서 "특정한 주체"라는 점이다. 바움가르텐은 "미학"이라는 개념 규정을 재차 끼워 넣은 그의 『형이상학』의 "하위 인식능력"에 관한 장에서 그렇게 보고 있다. 그럼으로써 바움가르텐은 "칸트 이래 철학적 인공어로 자주 사용된 의미의 '주체' 개념"[14]을 도입한다. 철학적 "심리학"을 위해 감각적인 것의 미학적 탐구 프로그램으로부터 결과를 도출하기 위해서 말이다.

---

14) 바움가르텐 『형이상학』 §527에 대해 한스 루돌프 슈바이처의 주석이 그렇게 보고 있다. Baumgarten, *Texte zur Grundlage der Ästhetik*[이하 『형이상학』으로 인용], hrsg. und übers. Hans Rudolf Schweizer, Hamburg: Meiner, 1983, S.89(나는 이 부분에 이어 『형이상학』의 심리학 장을 인용하고 있다). "주체성"은 그럼으로써 "취미"의 후속 개념이 된다. 호만이 그렇게 보고 있다. Karl Homann, "Zum Begriff 'Subjektivität' bis 1802", *Archiv für Begriffsgeschichte*, Bd. XI(1967), S.184~205. 특히 S.204 이하. 철학적 문맥과 관련해서는 다음을 보라. Hartmut Scheible, *Wahrheit und Subjekt: Ästhetik im bürgerlichen Zeitalter*, Reinbek bei Hamburg: Rowohlt, 1988, S.72 이하. 다음과 비교하라. Arbogast Schmitt, "Die Entgrenzung der Künste durch ihre Ästhetisierung bei Baumgarten", hrsg. Gert Mattenklott, *Ästhetische Erfahrung im Zeichen der Entgrenzung der Künste: Epistemische, ästhetische und religiöse Formen von Erfahrung im Vergleich*(Zeitschrift für Ästhetik und Allgemeine Kunstwissenschaft, Sonderheft, 2004), Hamburg: Meiner, 2004, S.55~71.

실현하기 위해 약간의 힘vires이 필요한 일은 쉽다. 더욱더 큰 힘이 요구되는 일은 어렵다. 따라서 실현하기 위해 힘의 할당이 조금 요구되는 일은 특정 주체에게CERTO SUBIECTO 쉽다. 이때 실현을 통해 그 주체는 강해진다. 그리고 실현하기 위해 힘의 할당이 많이 요구되는 모든 일들은 특정 주체에게 어렵다. 이때 그처럼 힘을 낼 수 있는 실체(이제 말하자면, 그 "주체")는 막강하다.(『형이상학』, §527)

보이티우스의 아리스토텔레스 개념에 관한 번역 이래 전통적인 문법적 의미에서 "주체"가 속성이나 술어의 담지자를 뜻한다면,[15] 바움가르텐에게 "주체"는——더 크거나 더 작은——"힘들"을 가지고 있고——때문에 더 쉽거나 더 어려운——그 힘들의 실현을 통해서 어떤 것을 할 수 있는 그와 같은 "실체"를 뜻한다. 힘을 갖는 것이 무엇인가를 누군가로, 한 명의 "주체"로 만든다. 바로 이런 의미에서 감각적인 성취도 주체의 활동이다. 왜냐하면 우리는 그 속에서 주체의 힘들이 실현되는 방식으로 이 성취들을 이해해야만 하기 때문이다. 사람들은 그것을 심리학적 인과성으로 오해해서는 안 된다. 한 주체가 가지고 있는 힘은 그 주체 속에 감춰진 원인이 아니다. 그리고 그로부터 활동성이 사건으로 설명되는 특수한 방식의 원인이 아니다. "주체"가 가진 "힘"에 대한 언술은 차라리 라이프니츠도 감각적 표상을 위해 사유하라고 요구했던 활동성의 "내적 원리"를 설명해 준다. 바움가르텐의 주체 개념이 힘들의 한 심급으로서 이런 "내적 원리"를 어떻게 이

---

15) 다음과 비교하라. Rudolf Rehn, "Subjekt/Prädikat I", *Historisches Wörterbuch der Philosophie*, Bd. 10, hrsg. Joachim Ritter/Karlfried Gründer, Basel: Schwabe, 1998, S.433~437. 더 나아가——존재론적·수사학적·정치적인——전근대적 주체 개념 의미의 측면들에 관해서는 다음을 보라. Brigitte Kible, "Subjekt I", Ibid., S.373~383.

해하는지는 연습의 미학적 현상에서 다시금 가장 선명하게 보인다.

연습은 능력과 숙련성의 습득을 지향한다. 연습을 통해서 우리는 어떤 할 수 있음을 얻는다. 연습한다über는 것은 무엇인가를 훈련해서einüben 이제부터 우리가 행사ausüben할 수 있는 것을 뜻한다. 그때 연습해서 획득된 할 수 있음은 이중적인 것이다. 말하자면 무엇인가를 실행할 수 있음이자 스스로 이끌 수 있음이다. 우리가 연습을 통해서 얻는 실천적인 할 수 있음은 하나 속의 둘이다. 첫째로 무엇인가를 할 수 있다는 것은 그때마다의 성공의 척도에 따라 성공적으로 실행할 수 있는 활동방식을 뜻한다. 따라서 무엇인가를 할 수 있다는 것은 언제나 어떤 좋은 것을 한다는 것, 곧 활동방식의 선을 실현할 수 있는 것을 뜻한다. 두번째로 활동성의 모든 실행할 수 있음은 자기 자신을 이끌 수 있음을 요구한다. 자기 몸과 정신을 활동방식의 선에로 움직이도록 방향을 설정하도록 요구하고 이런 활동방식의 척도로부터 일탈한 것을 교정하도록 요구한다. 바움가르덴이 했던 것처럼, 주체 개념이 연습 실천으로부터 도입된다면, 그 속에는 주체에 대한 근본적인 결정이 놓여 있다. 주체성은 자기-지도라는 실천적인 자기관계이다. 여기에서 자기관계란 어떤 것을 실행하면서 그의 자리, 의미 그리고 척도를 가지는 것이다. 하나의 주체라는 것과 (언급된 이중적 의미에서) 어떤 것을 할 수 있다는 것은 동일한 것이다. 그것에 대한 다른 공식화에 따르면, 주체성은 힘, 곧 행위력 또는 행위 능력이다. 주체존재란 이중적인 의미에서 힘을 갖는 것이다. 사람들이 그들 고유의 운동에 상응해서 지도할 수 있기 때문에, 어떤 활동방식의 선을 실현할 수 있다.

미학의 주체 개념에 있어서 이것은 미학이 주체를 본질적으로 실천적인 것으로 이해한다는 것을 의미한다. 주체가 무엇인가를 할 수 있다는 것, 그것이 능력 또는 위력Macht을 가지고 있다는 것은 주체에게 기초적인 것이다. "나의 영혼은 힘Kraft이다"(『형이상학』, §505). 미학적 이해에 따르자면, 주체는 일종의 능력자Könner이다. 오직 주체가 무엇인가를 할 수 있기 때문에 그리고 그런 한에서만, 주체는 무엇인가를 알고 그것을 원한다. 중요한 자기관계는 앎의 자기관계가 아니라 활동하는 실행 속에 있는 자기수행Selbstführung이다. 주체성은 힘의 자기관계이자 힘을 향한 자기관계다. "할 수 있음(또는 위력)은 앎 이전에 온다"는 것이 주체 개념을 위한 연습의 의미에서 얻을 수 있는 첫번째 통찰이다. 그와 연관해서 할 수 있음은 동시에 앎보다 우선할 뿐만 아니라 욕구Wollen보다도 우선한다는 두번째 통찰과 결합된다. 나는 내가 할 수 있는 것만을 욕구할 수 있다. 말하자면 내가 실행할 힘과 능력을 가지고 있는 것, 그리고 무엇을 위해 또는 어딘가에 나를 이끌 힘과 능력이 있는 것만을 욕구할 수 있다("행위"는 자기 고유의 의도를 통해 야기되는 그런 운동이 아니라, 자기 고유의 힘이 그 속에서 실현되는 그런 운동이다). 할 수 있음 또는 위력은 단지 앎 이전에 오는 것만이 아니다. 할 수 있음 또는 위력은 또한 자유 이전에 온다.

그와 함께 바움가르텐이 "능력"facultas과 "숙련"habitus과 같은 다른 표현들 곁에, 할 수 있음의 표시로 사용한 "힘"vis이란 표현은 개념적으로 일의적인 규정을 내포하고 있다. "힘", "능력", 또는 "숙련"은 바움가르텐에게 있어 주체의 능력Vermögen을 표시한다. 거기에서 하나의 능력을 갖는다는 것은 어떤 것을 할 수 있다는 것, 곧 어떤 것을 실행하고 실현시킬 수 있다는 것을 뜻한다. 하나의 능력이 산출할 수 있는 것을 통해 그 능력이 결정된다는 것, 그것이 근본적인 의미다. 그 속에는 본질적으로 목적론적인 구조가 놓여 있다. 그것은 일종의 좋은 것 또는 선과 연관되어 있다. 능력과 그 능력의 실행은 외적이고 우연적인 관계 속에 (마치 구르는 원구圓球를 추동하는 힘이 우연히 부딪힌 모든 것들에 있는 것처럼) 놓여 있는 것이 아니라,

어떤 내적이고 뜻깊은 관계 속에 놓여 있다. 어떤 능력을 행사한다는 것은 말하자면 그 능력이 방향을 잡고 있는 선을 실현하는 것이다. 선이 실현되지 않는다면, 그 능력도 행사된 것이 아니다. 또는 그 능력이 다지 결함이 있거나 결핍된 것이다. 어떤 것을 할 수 있다는 것은 어떤 식의 결과를 갖는다는 것이 아니라, 이런 특정한 선을 실현시킬 수 있다는 것을 뜻한다. 다시 말해 어떤 것을 할 수 있다는 것은 어떤 것을 성공할 수 있다는 것을 뜻한다.

능력이 그 (인과적인) 결과를 통해서가 아니라, (목적론적으로) 그 자산Güter을 통해서 결정된다는 점은 동시에 그것의 본질적인 일반성을 표시해 준다. 우리가 할 수 있는 그 무엇이 일종의 활동방식이다. 언제나 그것은 한 명의 주체가 특정한 상황 속에서 성취하는 개별적인 행위Akt다. 만일 이런 행위가 주체 능력의 실행이라는 방식으로 이 행위를 이해한다면, 우리는 그것을 특수한 행위방식으로서가 아니라 일반적인 행위방식의 경우로서 기술한다. 주체는 언제나 오직 그리고 언제나 이미 일반적인 무엇을 할 수 있다. 일반적으로 나는 특정한 방식으로 활동할 수 있거나 또는 나는 그것을 결코 할 수 없다. 바로 동일한 이유에서 주체가 할 수 있는 것은 언제나 이미 특수한 어떤 것이다. 만일 내가 일반적으로 어떤 특정한 방식으로 활동할 수 있다면, 이것은 내가 여기와 지금, 이런 특수한 경우와 이런 특수한 방식에서 이런 일반적인 활동방식을 실현할 수 있다는 것을 뜻한다. 만일 바움가르텐과 함께 그리고 그 옆에서 "힘"이 주체의 능력으로서 이해될 수 있다면, 힘의 자기실현은 일반적인 활동방식의 매번 특수한 실현에 존립할 것이다. 그리고 만일 일반적인 활동방식을 일종의 "실천"Praxis이라고 표명할 수 있다면, 주체의 능력은 실천을 현실화시키는 점에서, 하나의 실천에 참여한다는 점에 있다.

주체와 감각적인 것의 미학적 개념들은 여기에서 다음과 같이 정의

될 수 있다.

(1) 주체: 능력으로 이해된 힘의 실현이 일반적인 활동방식의 매번 특수한 실현이라면, 능력으로 이해된 힘은 주체의 내면과 고유성으로 변화된 일반적인 활동방식이다. 미학적인 주체 개념에 따르면, 주체는 실천에 대립해 있는 심급이 아니며, 이미 실천 이전의 심급도 결코 아니다. 미학이 능력으로 이해된 힘을 통해 주체를 규정함으로써, 차라리 미학은 주체를 실천 성취의 심급, 곧 일반적인 활동방식의 매번 특수한 성취의 심급으로 정의한다. 실천은 외적 관계에 있다는 의미에서 주체의 "소유물"이 아니라, 그것이 주체에게 고유한 것Eigentümliche이기 때문에 주체의 소유물Eigentum이다. 만일 그 고유한 것이 없다면, 주체는 아무것도 아니거나 주체가 아니다. 그래서 미학적 주체는 일반적인 활동방식 또는 실천이라는 외적인 것에 대립하는 "내적인 것"도 아니다. 바움가르텐의 미학적 주체는 차라리 그의 능력에 있어 현실성이다. 왜냐하면 일반적인 활동방식의 실현 심급이기 때문이다. 하나의 주체로 존재한다는 것은 하나의 실천을 실현할 수 있다는 데에 있다. 역으로 주체가 실천을 실현시킬 수 있기 때문에만, 실천은 존재한다. 다시 말해서 매번 특수한 주체를 통해 매번 특수한 실현 속에서만 실천은 존재한다. 미학이 연습의 관점에서 전개시키고 능력 개념을 통해서 나타낸 주체 개념의 핵심은 주체와 실천, 실천과 주체 상호간의 규정이다.[16]

---

16) 한스 게오르크 가다머가 칸트 이전의 미학을 "인문주의적"인 재공식화, 곧 근본적으로 아리스토텔레스적 주도 개념들의 재공식화로 해석한다면(Hans-Georg Gadamer, *Wahrheit und Methode: Grundzüge einer philosophischen Hermeneutik*, Tübingen: Mohr, 1960을 보라), 그는 거기에서 미학이 계몽이라는 사실을 소홀히 한 셈이다. 그리고 그는 미학이 칸트 이전에 이미 주체 개념을 사용하고 있으며, 무엇 때문에 사용하고 있는지를 간과한다. 그것에 대해서는 이 책 60쪽 이하를 보라.

(2) 감각적인 것 : 만일 그 "내적 원리"가 주체의 능력 속에 있다는 점에서 감각적인 성취가 활동성이라면, 그리고 능력으로 이해된 힘의 모든 실현이 언제나 일반적인 활동방식의 매번 특수한 실현이라면, 감각적인 것 역시 매번 특수한 상황하에서 개별적이고 감각적인 성취 속에서 실현되는 그런 일반적인 활동방식으로 이해될 수 있어야만 한다. 그것은 감각적인 것의 미학적 탐구의 요소들, 곧 ⓐ명석성, ⓑ연습의 의미, ⓒ주체 개념이 그 근거와 연관성을 얻는 관점을 말한다. ⓐ감각적인 표상들은 명석하다. 만일 그 표상들이 재인식의 행위이자 그럼으로써 파악하는 감각적 실천의 연장이라면 말이다. ⓑ감각적인 파악은 연습될 수 있고 연습되어야만 한다. 왜냐하면 연습은 실천 실행을 위한 능력이 얻어지는 방식이기 때문이다. ⓒ감각적인 성취는 주체적인subjektiv 성취이다. 왜냐하면 그 성취의 내적 원리가 능력으로 이해된 주체의 힘이기 때문이다.

개체와 규율

주체라는 미학적 근본 개념은 철학적 미학의 발생과 의미에 관한 논쟁의 중심부에 놓여 있다. 그 논쟁은 미학의 형성과정이 근대의 본질적인 특징에 속한다고 할 때, 어떻게 근대가 이해될 수 있느냐에 관한 것이다. 하이데거는 1936과 1945년 사이에 니체에 관한 강의와 기록을 남겼는데,[17] 거기에서 미학적인 근대가 합리주의적인 데카르트 미학과 다르지 않다는 테제를 대변했다. 그에 따르면, 미학은 데카르트를 통해 정초된 "근대 형이상

---

17) Martin Heidegger, *Nietzsche*[이하 『니체』로 인용], Bd. 2, Pfullingen: Neske, 1961 [『니체』, 박찬국 옮김, 도서출판 길, 2012].

학"에 대한 비판 또는 어떤 대안이 아니라, 그것의 적용이자 보충이다. 하이데거는 니체 철학에서 미학의 수미일관된 완성 과정을 읽어 내려고 한다. 데카르트의 합리주의로부터 시작해서 18세기 미학을 거쳐 니체의 의지 개념에 이르기까지 동일한 형이상학적 "근본입장"(『니체』, II, 189)이 지배하고 있다. 그것은 미학의 주체 개념이 입증해 주고 있다고 한다. 근대 형이상학에서 "모든 존재와 모든 진리의 확실성이 개별적 자아의 자기 의식 위에 정초된다는 것, 곧 나는 생각한다 고로 존재한다ego cogito ergo sum는 점 위에 정초된다는 것"처럼, 그렇게 "예술미에 관한 숙고가 …… 지금은 강조되고 배타적인 방식으로 인간의 느낌 상태, 곧 아이스테시스αἴσθησις와의 관련 속으로 밀쳐진다"(『니체』, I, 99). 미학에서 "예술작품은 …… '주체'를 위한 '객체'로서 설정된다. 예술작품 고찰에서 주−객 관계가 결정적이다"(『니체』, I, 93). 그래서 미학은 그것을 통해 탐구된 감각적인 행위에 대해 합리주의 철학이 "지성 행위들"이라고 말했던 것과 같은 것이라고 주장한다. "인간 **자기**는 본질적으로 근거로 놓여 있는 것이다. 그 자기는 아래−던져짐sub-iectum이다"(『니체』, II, 155). 철학적 미학의 근대적 발생과 의미에 대한 논쟁은 미학적 주체의 형이상학적 근거, 데카르트주의적 자아의 단순한 반복이라는 짧은 결론적 해석이 포기될 때에야 비로소 그 대상을 적중시킨다. 왜냐하면 미학적 주체는 오직 그것이 사회적 실천의 계기, 심급 그리고 재현자라는 이유만으로도 감각적 성취의 원리이기 때문이다.

하이데거를 따라, 하이데거의 저편에서 터져 나온 미학 논쟁 속에는 두 해석, 곧 새로운 미학적 주체 개념에 대한 두 가지 해석이 ──그래서 두 측면은 일치한다──대립하고 있다. 독일권의 토론에 새겨 있는 하나의 해석에서 요아힘 리터의 공식, 즉 미학적 주체는 근대의 객관화된versachlichte 사회를 형성한 합리적 주체의 "반대편"Gegenspiel이라는 공식은 모범적이

다.[18] 근대적 주체가 경제학적·과학적·기술적·행정적 그리고 법적 사회
제도 속에서 즉물적이고 비개성적인 형태로 보이는 반면, "미학적인 생생
한 묘사"Vergegenwärtigung 속에 있는 인간은 세계를 살아 있고 감각적인 것
으로 만나는 "느끼는" 존재로서 자연의 본보기로 실현된다. 미학적인 주체
는 "인간의 풍요로움을 살아 있고 지금 여기 있는 것으로 유지시키는" "기
관"을 양성한다. 그리고 "그 기관 없이는 사회가 그 왕국에 어떤 현실성이
나 표현을 줄 수 없다"(「풍경」, 163). 거기에서 좌파와 우파의 문화혁명에
반대하는 리터는 이성적인 객관화와 미학적인 생동감Verlebendigung이 적
대적이면서도 서로 분리될 수 없다는 점을 강조한다.

> 실러는 미학적 예술을 정신이 사회의 기반 위에서 형성하는 기관으로 파
> 악한다. 사회가 그에 필수적인 세계의 사물화Verdinglichung 속에서 그 대
> 상으로 자기 바깥에 설정해야만 하는 것을 인간에게 되돌려 주고 인간을
> 위해 가져오기 위해서 말이다. 하늘과 대지로서 인간의 지상의 삶에 속하
> 는 자연은 미학적으로 풍경의 형상 속에서 자유의 내용으로 변모하며, 그
> 런 자유의 실존은 사회를 전제하며, 대상으로 만들어지고 복속된 자연에
> 대한 사회의 지배를 전제한다.(「풍경」, 162)

미학적 주체는 "개체적인 인격적 존재"에 속한다. 그는 "사회적 존재

---

18) Joachim Ritter, "Landschaft: Zur Funktion des Ästhetischen in der modernen
Gesellschaft"[이하 「풍경」으로 인용], *Subjektivität*, Frankfurt am Main: Suhrkamp, 1974,
S.141~164. 나는 여기에서 리터 입장의 주체 이론적 측면에 제한한다. 그 측면은 독일 내에
서의 토론에 있어서는 모범적이다. 리터는 그것을 확장된 테제, 즉 미학적 세계관계 속에서
옛 이론(theoria)의 근본 구조가 근대적 조건 아래에서 살아남는다는 테제와 결합시킨다.

로부터 분리되고 그로부터 풀려난"[19] 존재이지만, 오직 근대 사회 내에서만 그렇다. 미학적인 것은 사회적인 것의 사회적인 분열 속에 있는 한 측면이다.

미학적 주체가 즉물적-합리적인 것과는 구조적으로 다르다고 리터는 강조한다. 다른 점은 그 주체가 대상과 관계 맺고 있는 방식에 있다. 리터는 이런 미학적 연관을 감관 전체 내부에서 살아 있는 대상의 생생한 묘사로 기술한다. 그와 함께 그는 바움가르텐이 전개시켰던 미학적인 것에 대한 하나의 규정을 파악하고 있다. 왜냐하면 감각적인 것을 정의 내릴 수 없는("혼동된") 명석한 인식으로 규정하는 것은 단지 미학의 출발점만을 형성하기 때문이다. 미학적 연습에서 중요한 점은 감각적인 것의 혼동된 명석성을 완성시키는 것, 곧 그 "개별적인" 규정성의 "풍요"(『미학』, §440) 속에서, "미학적 진리"(『미학』, §423) 속에서 대상을 파악할 수 있을 만큼 완성시키는 것이다. 감각적인 것이 명석하고 그리고 동시에 혼돈스럽다는 바로 그 이유 때문에,[20] 그것은 이성이 할 수 없는 일을 할 수 있는데, 곧 대상

---

19) Ritter, "Subjektivität und industrielle Gesellschaft", *Subjektivität*, S.11~35. 특히 S.31. 그 것은 리터와 아도르노가 일치하는 지점이다. 예술은 "사회와는 반대 입장을 취함으로써 사회적인 것이 된다"(Theodor W. Adorno, *Ästhetische Theorie*, *Gesammelte Schriften*, Bd. 7, Frankfurt am Main: Suhrkamp, 1970, S.335).

20) "그렇듯 인간적 교의와 학문의 일반적 대상들이 발생됨으로써, 동시에 학문적으로 도야된 사람의 마음속에서 철두철미 완성된, 종종 아름답고, 좁은 의미에서 논리적인 진리가 성장한다. 그러나 일반자에 포함된 개체에 대응하듯이 형이상학적 진리가 그렇게 일반적인 것에 대응할지 사람들은 자문(自問)했던가? 내 생각에, 사실 철학자들이 그것을 최고로 명백하게 밝힐 수 있다. [철학자들의] 표상 속에서 그리고 논리적 진리 속에서 오직 다수의 많은 물질적 완전성의 상실을 통해서만, 형식적 완전성에 항상 내재해 있는 것을 처리할 수 있다. 상실이 아니라면, 무엇이 추상(abstractio)이란 말인가? 마찬가지로 만일 최소한 재료에서의 손실을 통하지 않고서라면, 곧 둥긂이라는 더 높은 가치를 위해 요구되는 재료의 손실을 통하지 않는다면, 당신은 불규칙적인 형태의 대리석에서 어떤 대리석 공도 산출할 수 없을 것이다"(『미학』, §560).

을 "개체"Individuum로서 포착할 수 있다. 그런 종류의 미학적 파악이 요구하는 성질을 바움가르텐은 살아 있음, 생동성vividitas이라고 명명한다.

> 더 많은 부분에서 우리는 동시적이거나 연속적으로 포착되는 그것을 생생하다lebhaft고 명명한다.(『시』, §CXII)

> 그래서 비로소 그와 같은 사상이 생생하고 명명될 수 있다는 것은 내게는 정당한 것처럼 보인다. 그 사상 속에는 가령 특정 변동과 예측불허의 빠른 연속이 서로 교대하며 압박하는 특징들과 연관되어 있고, 그로부터 비범하게 확장된 풍요로움이 그 어둠의 한 부분으로 그리고 숙고의 빛으로 상승할 수 있으며, 그럼에도 그 전체는 파악가능하고 절대적으로 명석해야만 한다.(『미학』, §619)

미학적으로 생생한 표상은 다중적이고 변화무쌍한 것이다. 그것의 다중성과 변전성變轉性은 유사성의 법칙을 통해서 결정된다. 그리고 그럼으로써 감각적인 명석성으로 인도된다.[21] 미학적 주체의 그런 측면 위에는 미학적 주체가 미학적 연습, 곧 운 좋은 미학자felix aestheticus 속에서 획득했던 그 능력의 "일치"consensus(『미학』, §47)가 대응한다. 리터 해석의 관점에서 바움가르텐의 이런 언급들은 이해되어야만 한다. 미학적 주체가 그 자

---

21) 생생한 인식은 "어떤 유사한 것, 똑같은 것, 같은 종류의 것 그리고 주목할 만한 방식의 동일한 것으로부터 …… 다른 유사한 것, 똑같은 것, 같은 종류의 것 그리고 주목할 만한 방식의 동일한 것이 인식"된다는 점에 있다(『미학』, §735). 바움가르텐 미학은 은유 모델을 정리하고 있다.──생생함의 미학적 개념에 관해서는 다음을 비교하라. Jan Völker, *Ästhetik der Lebendigkeit*, Potsdam Univ., Diss., 2008.

체로 각기 개체적인 것이고 어떤 일반적 규칙을 통해 미리 주어질 수 없는 인상들의 생생한 연관성을 만들어 낸다는 이유에서만, 그 주체는 일반 개념들의 피안 또는 차안에 있는 감각적 개체성 속에서 대상을 포착할 수 있다. 미학적 주체는 자유롭고, 매번 특수한 대상들을 자기 자신으로부터 산출하는, 살아 있는 개체이다.

합리적 자아와는 다르게 미학적 주체는 새롭고 근본적이라는 이의제기, 곧 하이데거에 반대하는 이러한 이의제기는 미셸 푸코에 의해 제기된 그와 대립되는 미학 해석의 출발점이다. 미학이나 미학의 저자를 언급하지는 않지만 푸코는, 『감시와 처벌』에서 계몽 시대에 주권이 성립되는 새로운 권력 유형을 기술하는 방식을 통해 이런 해석을 간접적으로 전개한다.[22] 왜냐하면 푸코는 동시적으로 발생한 철학적 미학 속을 관통하는 규율권력Disziplinarmacht의 이런 새로운 유형을 기술하고 있기 때문이다. 규율권력이 안착하고 그것을 산출하는 신체는 더 이상 기계적인 신체가 아니다. "그렇게 오랫동안 규율을 완수하려는 몽상가들은 그 [기계적인] 신체의 이미지에 열광했다. 이 새로운 객체는 자연적인 신체다. 그것은 힘들의 담지자이고 지속의 거처다"(『감시와 처벌』199; 244). 개체는 다음과 같이 구성된다.

[개체는] 기술할 수 있고 분석할 수 있는 대상, 그러나 자연과학자가 다루

---

22) Michel Foucault, *Surveiller et punir: Naissance de la prison*, Paris: Gallimard, 1975 (Foucault, *Überwachen und Strafen: Die Geburt des Gefängnisses*, übers. Walter Seitter, Fankfurt am Main: Suhrkamp, 1977). [『감시와 처벌: 감옥의 역사』, 오생근 옮김, 나남, 2003 참조. 본문에서 세미콜론(;)을 중심으로 하여 앞의 숫자는 『감시와 처벌』의 독일어판 쪽수이고, 뒤의 숫자는 국역본 쪽수다.]

는 생명처럼 "특수한 속성" 속에서 분해되는 것이 아니라, 지속적인 지식의 시선 아래 있고, 그것의 특이한 특징들과 고유한 전개 그리고 그것만의 고유한 능력과 숙련 속에서 확정되는 그런 대상이다.

(『감시와 처벌』, 245; 297)

푸코가 규율권력을 통해 신체를 특징지을 때, 그 중심 개념들은 자연적이거나 유기적인 개체성, 힘과 능력, 역동성, 발전과 연습(『감시와 처벌』, 201~209; 247~255)이다. 그런데 이런 개념들은 형성되고 있는 미학 개념들이다. 즉 미학의 규율은 규율의 미학이다.

따라서 미학이라는 새로운 철학적 부문 역시 ——카시러에 반대해서 푸코가 이의를 제기한 것처럼[23] ——그 자신으로부터, 곧 "철학과 반성"으로부터 이해될 수 없다. 미학적 주체의 형이상학이 의미하는 바에 대해서는 오직 규율권력에 대한 미시물리학만이 가르칠 수 있다. 그렇다면 미학적 주체는 규율의 "객체이자 효과"라는 점이 분명해진다. 규율권력은 살아 있는 신체를 통제하여 그 능력들을 형성시키고 "마지막 상태Endzustand를 유지하는 것을 목표로 삼는다". 규율권력은 그것이 신체를 연습함으로써 그것을 통제한다. "연습은 신체에 반복적이면서 동시에 상이하고, 또한 점증적인 임무를 부과하는 기술이다"(『감시와 처벌』, 207 이하; 254). 바움가르텐에 따르면, 미학적 연습은 "정신과 심정상태의 일치가 일어나고 …… 심지어 주어진 테마의 관점에서 그러기 위한 목적에서 행해지는 동종 행위들의 잦은 반복"이다(『미학』, §47). 능력과 표상의 "살아 있는" 일치는 바

---

23) Foucault, "Eine Geschichte, die stumm geblieben ist", *Schriften*, Bd. 1, Frankfurt am Main: Suhrkamp, 2001, S.703~708.

움가르텐 역시 규율의 모범인 군대훈련과 비교한 바 있는 길들임의 결과다. 거기에서 연습의 성공은 연습하는 자의 발전 상태에 정확하게 그 연습을 맞추고 있는가에 본질적으로 의존하고 있는 것 같다. 연습 속에서 사람들은 "주어진 인간의 힘들이 주어진 아름다운 인식을 위해 충분할지 그리고 어느 정도로 충분한지"를 경험한다(『미학』, §61). 연습은 인간의 지식을 생산한다. "이런 작고 하찮은 일로부터", 곧 그로부터 규율권력이 존립하는 다양한 연습, 감시, 시험과 처벌로부터 "근대 휴머니즘의 인간이 탄생"(『감시와 처벌』, 181; 222)했으며, 인문학은 그런 인간을 탐색한다(『감시와 처벌』, 237; 288). 연습에서는 주체화가 규율화이자 규율화가 곧 주체화라는 사실이 입증된다.

> 규율 과정의 핵심부에 있는 그것[시험]은 객체로 지각된 사람들의 주체화하는 예속화assujettissement를 나타내는 것이자, 주체에 예속된 사람들의 객체화되는 대상화l'objectivation를 나타내는 것이다.
>
> (『감시와 처벌』, 238; 289)

규율권력의 새로움은 그것이 일종의 예속이고 예속된 것을 "주체"로 만드는 예속이라는 점이다. 푸코와 함께 읽으면, 이는 주체를 새롭게 미학적으로 이론화하는 가운데서 표현되는 사회적 권력의 새로운 유형이다. 연습되고 행사되는 힘들의 심급인 주체에 대한 미학이론은 [합리적 주체의] "반대편"(리터)이 아니라 사회적 규율화 이데올로기와 같은 장치이다.[24]

---

24) 다음 저서와 비교하라. Terry Eagleton, *The Ideology of the Aesthetic*, Oxford/Cambridge, 1990, chap.1. 바움가르텐에 있어 미학, 윤리학 그리고 정치학의 연관성에 관한 엄밀한 연

주체가 오직 사회적 실천의 한 계기, 한 명의 참여자일 때에만 행위의 "내적 원리"일 수 있다는 통찰을 통해서, 미학적 주체 개념은 자아라는 합리주의적 개념에 위배된다. 역으로 그것은 사회적 실천의 선이 오직 주체의 성취 속에서만 존재한다는 점을 의미한다. 실천의 선은 결코 주체로부터 독립적이고 "객관적인" 실존을 가지지 않는다. 미학은 계몽이다. 그것은 실천의 선이 주체의 할 수 있음과 능력 속에서 그 현실성을 가진다는 계몽이다. 또는 아무런 현실성도 없다는 계몽이다. 미학은 계몽이다. 왜냐하면 미학의 주체 개념은 선의 초월적인 현실성을 박탈하기 때문이다. 미학은 선의 주체화로서의 계몽이다.

미학의 의미에 관한 논쟁은 계몽의 의미에 관한 논쟁이다. 이런 논쟁은 계몽이 합리주의적이지 않다는 점과 관련된다. 말하자면 그것은 육체와 정신, 감각성과 이성의 합리주의적 이원론을 배후에 남겨 둔 채, 처음부터 이성과 마찬가지로 감각성이 주체의 행위라고 주체 개념을 이해한다는 점과 관련된다. 왜냐하면 하나의 내적 원리로부터 나온 성취들은 말하자면 주체적 능력을 연습하는 과정에 있기 때문이다. 미학의 의미에 관한 논쟁에서 문제가 되는 물음은 감각적인 것의 주체화, 결국 주체적인 것의 감각화가 어떻게 이해될 수 있느냐는 점이다.

리터의 해석에 따르면, 미학에서 다음과 같은 것이 보인다. 즉 주체화의 계몽 과정이 철저한 분열, 곧 사회적 제도들의 즉물적-합리적sachlich-rational 주체와, 미학적 자기와 세계 연관의 개인적-감정적persönlich-

---

구를 위해서는 다음을 보라. Howard Caygill, *The Art of Judgement*, Oxford: Blackwell, 1989, p.103 이하.

empfindend 주체 사이의 분열 아래에 놓인다. 주체의 사물화에 대한 내적 반대운동, 살아 있는 개체화의 잠재성 형성은 계몽적 주체화에 속한다. 그에 반해 푸코의 해석에 따르면, 미학에서는 다음과 같은 것이 보인다. 주체화의 계몽적 과정은 전체주의의 경향 아래에 있다. 즉 합리주의적 사고가 정신의 영역에 남겨 두었던 것과 똑같은 주체화의 과정 아래로 감각적인 것을 예속시키는 경향이 있다. 바로 계몽적인 주체화가 감각적인 것을 포함함으로써, 그 주체화는 규범화하는 규율 프로그램으로서 입증된다. 이런 두 가지 해석 사이에서 미학의 근대적 발흥과 의미에 대한 논쟁이 분분하다.

그러나 이제 미학적 주체화가 개체화 내지 규율화로서 해석되든지, 미학이 "경감"Entlassung(마르크바르트Odo Marquard)의 사유로서, 감각적인 것의 "해방"(마르쿠제Herbert Marcuse) 내지 "식민화"(이글턴Terry Eagleton)로서 이해되든지 간에, 두 독해 속에는 미학적 사유가 주체의 사유라는 사실, 곧 미학이 계몽 속에서 등장한다는 사실이 전제되어 있다. 리터가 기술하듯이, 잡다히 움직여진 표상들 속에서 대상의 개체적 진리를 포착하는 살아 있는 개체와 푸코가 기술하듯 그의 힘들의 연습을 통해서 생산되고 재생산되는 규율된 참여자, 이 둘은 같은 의미에서 "주체"이다. 그 둘의 영혼은 사회적 실천의 특수한 실현을 위한 능력의 자리이다. 리터와 푸코는 미학적 주체 개념의 이런 두 측면 가운데 어느 하나만을 강조하고 있다. 한 번 획득된 주체적 능력은 개체적으로 사용될 수 있으며, 우선 한 번은 규율되면서 주체적 능력이 산출되어야만 한다. 그러나 미학의 사유는 개체화와 규율화가 어떻게 함께 사유될 수 있을지의 물음보다 더 깊은 도전, 곧 미학이 우선적으로 전개시켰던 주체 개념과 연관된 하나의 도전을 내포하고 있다. 바움가르텐 스스로가 미학의 이런 도전을 명명했다. 그가 감각적인 것에서 해소되지 않는 혼돈스러운 부분으로부터 모든 감각적인 것 속에 어떤 "어두운 것"이 작용한다는 점을 추론할 때, 이런 도전은 가정된 것이 아니라 명명되었다. "혼돈스러운 무엇인가를 생각하는 사람은 어느 정도 어두운 것을 떠올리고 있는 것이다"(『형이상학』, §510). 영혼 속에는 "어둠의 영역"(『형이상학』, §514)이 존재한다. 곧 어둠 속에 있는 것은 역설적으로 명석함이 존재하기 위한 전제이기 때문에, 밝혀지지 않은 어둠의 영역이 존재한다.

> 영혼 속에는 어두운 표상들이 존재한다. 그것들 전체는 영혼의 근거Fundus Animae라 불린다.(『형이상학』, §511)

영혼이 "주체"라고 확신하기 위해서, 영혼의 근거가 "어둡다"라는 미학의 이런 통찰은 어떤 결과들을 가져올 수밖에 없는가?

3장 | 유희 : 힘의 작용

마이어Georg Friedrich Meier 이래로 바움가르텐은 미학의 "창시자"로서 명성을 얻는다. 왜냐하면 그는 "활동성"으로서 의식적이지 않은 감각적인 것조차 하나의 "내적 원리"와 함께 생각하는 라이프니츠의 프로그램을 포괄적인 이론으로 전개시켰기 때문이다. 바움가르텐은 변증법, 수사학 그리고 시학에 관한 중심적인 전통 재고품들을 체계적이고 새롭게 공식화하기 위한 출발점으로 "감각적 인식"이라는 새로운 개념을 만든다. "**미학**은 …… 감각적 인식의 학문"이며 그런 것으로서 "자유로운 예술들의 이론, 하위인식론, 아름다운 사유의 기술, 이성의 유사 기술"이다.[1] 전승된 아리스토텔레스적 전문용어로 돌아가 라이프니츠가 공식화시킨 프로그램에 바움가르텐이 결정적이고 새로운 틀을 제공해 줌으로써 이런 통일적인 이론의 전개가 가능했다. 바움가르텐은 라이프니츠의 감각적 활동성의 "내적 원리"를 "주체의 능력"으로서 해명한다. 바움가르텐은 감각적인 것을 일

---

1) "미학은 (자유로운 예술들의 이론, 하위인식론, 아름다운 사유의 기술, 이성의 유사 기술) 감각적 인식의 학문이다"(『미학』, §1).

종의 주체의 실천으로 이해함으로써 감각적인 것의 인식적 요구를 보장할 수 있었기 때문에, 미학의 "창시자"로 유명해질 수 있었다.

그에 반해서 상세하게 전개되지 않고 스케치로 남아 있는 초안에서 헤르더는 동일한 이유로 바움가르텐의 "기념비"인 그의 미학을 어떤 막다른 골목으로 보았다. "저자의 잘못은 일종의 헛디딤으로 …… 책 전체를 엮고 있다. 그 헛디딤에 전체 교의의 구조물이 연루되어 있다."[2] 바움가르텐은 [유일한] 미학의 창시자가 아니라, 일종의 **바움가르텐 양식에 따른 미학**의 창시자다(「바움가르텐」, 692). 아마 "그리스 양식에 따른 미학"이 더 나을 것이다. 왜냐하면 비로소 그것은 "그 이름이 말하는 바, …… **미학**, 곧 감정 Gefühl의 가르침"일 것이기 때문이다. (그리고 그것은 "매우 멀리 떨어져 있지만"weit latior 동시에 "훨씬 더 가깝고, 바움가르텐적인 것과는 완전히 상이하다"[「바움가르텐」, 665].) 바움가르텐이 감각적인 것을 감정으로서가 아니라 인식으로서 설정함으로써, 그는 미학, 곧 정확히 미학으로 이해되어져야만 할 것을 더 많이 은폐시켰고 잘못 고안했다. 헤르더의 바움가르텐 비판이 요구하는 것은(「바움가르텐」, 694) 미학을 다시 시작하는 것이다. ——여전히——주체적 능력이 아닌 감각적 활동성의 "내적 원리"에 대한 사유로서 미학을 다시 시작하는 것이다. 다시 말해 미학을 힘에 대한 사유로서 시작하는 것이다. "아마도 그것이 미학이리라!"

---

2) 헤르더 전집 편집자는 이 원고에 "알렉산더 고트리프 바움가르텐과의 대결 속에서 미학을 정초 짓기"[「바움가르텐」으로 인용]라는 제목을 달았다. Herder, *Werke*, Bd. 1, S.651~694. 인용된 부분은 S.662. 다음과 비교하라. Hans Adler, *Die Prägnanz des Dunklen. Gnoseologie-Ästhetik-Geschichtsphilosophie bei Johann Gottfried Herder*, Hamburg: Meiner, 1990, S.63 이하. 아들러는 어둠이라는 헤르더의 개념이 형식(명석성의 범주로서)과 함께 더 심오한 (그리고 동시에 고차적인, 아름다운) 통찰을 목표로 한다고 이해하며, 이를 헤르더의 예술 이론에서 해명하고 있다(S.88~149). 저자는 헤르더가 어둠을 힘으로 이해한다고 해석하려 한다. 그래서 저자는 예술에 대한 그의 이론을 여기에서는 도외시하고 있다(그것과 관련하여 이 책의 4장 참조).

미학적 계보학

헤르더의 비판 이래로, 바움가르텐 『미학』의 첫 문단은 이중적인 혼동을 표현하는 것으로 보이는데, 근본적으로 그것은 결정적인 뒤바꿈이다. 헤르더는 "이론"과 "예술"의 관계, "철학적 탐구"와 지침 내지 "숙련성"의 불명료한 관계 속에서 첫번째 혼동을 보고 있다(「바움가르텐」, 659). 바움가르텐 미학은 둘 모두가 있어야만 한다지만, 도대체 그것들은 어떤 관계 속에 있는가? 두번째 혼동을 헤르더는 미학 대상을 규정하는 곳, 곧 "감각적 인식"을 규정하는 곳에서 보고 있다.

> 사유가 인간에게 있어 첫번째가 아니듯이, 아름다운 **인식**도 미학의 시원이 아니다. 인간과 동물은 맨 처음 **느낀다**. 그것도 **스스로를 어둡다고 느낀다**. 왜냐하면 그 자신이 살아 생동하기 때문이다. 그리고 쾌와 고통은 자체로 어둡다. 왜냐하면 **쾌와 고통**은 명석klar하지만, 그것을 느낄 때는 제 정신이 아니기außer sich 때문이다. 그리고 이제야 비로소 **인식한다**. 아름다운 것의 주관적 순서를 탐구하는 것도 마찬가지다. 하지만 이것은 철학적 뿌리가 잘못 자란 것이다. 예컨대 이런 식이다. '영혼의 본질은 인식능력이다. 따라서 아름다움에 있어 첫번째는 사상이어야만 한다.' 이런 명제가 분명히 제시된다면, 그것은 명백히 거짓이다. 또한 '아래를 보라vide infra. 그리고 나는 아름다움을 탐구하기 위해 사상의 아름다움에서 시작한다.' 처럼 이중적으로 거짓이다. 마지막에 결론으로 도출해야 할 것을 맨 처음 만난다.(「바움가르텐」, 670)

바움가르텐 미학의 근본 오류는 첫번째와 마지막, 이전과 이후가 뒤바뀌었다는 점에 있다. 다시 말해 그의 미학은 하나의 수준에서, 곧 "첫번째"가 아니라 나중에야 비로소 나오는 능력의 작동 분류와 유형에서 너무 늦게 탐구를 시작한다. 때문에 바움가르텐 미학은 이런 작동과 능력을 "뿌리"로, "근거"로 오해한다. 오직 그 속에 숨겨진 또 다른 근거의 뒤늦은 결과로서 고찰될 때에만, 그것들은 올바르게 이해된다. 바움가르텐에게 "감각적 인식"은 헤르더가 다른 곳에서 "취미"에 대해 말한 것에 해당한다. "따라서 그것은 근본적 힘, 영혼의 일반적인 근본적 힘이 아니다. 그것은 우리 판단을 아름다운 대상들에 습관적으로 적용한 것이다. 그 발생을 추적해 보자."[3] "그 이름이 말하는 바"를 행하는 미학 프로그램은 판단과 인식의 모든 방식들의 "발생"Genesis 속에서 통찰을 얻는 데에 있다. 곧 바움가르텐을 통해 시원으로 설정된 감각적이거나 혼동된 것, "가장 깊숙이 숨겨진 영혼의 근거"로부터 통찰을 얻는 데에 있다. 오직 여기에서부터, 곧 스스로에서부터가 아니라 선행하는 근거에서부터, 판단과 인식의 방식들은 명확하게 인식될 수 있다. 그것들이 정의 가능하고 판명하든지 감각적이고 혼돈스럽든지 간에 말이다. "가장 깊숙이 숨겨진 영혼의 근거 속에 가장 힘 있는 동기들이 놓여 있기 때문에, 그로부터 더 잘 알려진 것들이 추동된다. 그래서 아마도 이런 중간물로부터 양 끝에 도달하려는 것은 헛된 일일 것이다. 결국 미학자는 여기에서 무덤을 파는 셈이다"(「바움가르텐」, 671). 헤르더는 미학을 새롭게 고고학으로서 구상하고 있다. 더 정확히 말해, 계보학으로서, 유래와 발생에 대한 탐색으로서 구상하고 있다.

---

3) Herder, *Kritische Wälder. Oder Betrachtungen über die Wissenschaft und Kunst des Schönen. Viertes Wäldchen über Riedels Theorie der schönen Künste*[이하 『작은 숲』으로 인용], *Werke*, Bd. 2(*Schriften zur Ästhetik und Literatur. 1767~1781*), hrsg. Gunter E. Grimm, Frankfurt am Main: Deutscher Klassiker, 1993, S.247~442. 여기서는 S.282.

헤르더가 "바움가르텐 양식의 미학"에 반대해서 제기한 일반적이고 방법적인 이의는 그 미학이 "우리 세계의 방식들"의 낡은 잘못을 이어 가고 있다는 점이다. 즉 생성되었던 과정Gewordensein 대신에 생성된 것Geworden에서부터 그것의 생성을 출발한다는 점이다. 사람들이 행위하는 것과 행위할 수 있는 것을 알기 위해서 어떻게 사람이 생성되었는지를 탐색해야만 한다. 이런 계보학으로의 방법적 전환을 헤르더는 그가 초기에 이미 "철학과 인간학의 관계"[4]로서 표현했던 프로그램의 결과로 이해한다. 인간의 자기인식은 주체존재의 인식이 아니다. 인간의 자기인식은 인간이 주체로 됨에 대한 인식이다. 인간의 인간학적 자기반성은——"오 인간이여! 너 자신을 아는 것, 그것을 배우도록 하라"(「바움가르텐」, 688)——철학(과 문화)의 환상적인 자기이미지를 무력하게 만든다. 여기에서 철학이란 장면Szene으로서의 인간을, 주체 형성 과정을 탐색하는 대신에 이미 생성된 주체 곁에서 너무 늦게 시작한 것을 말한다.

그러나 무엇 때문에 계보학적 자기반성이라는 이 이념이 미학의 프로그램을 근거 짓고 있는가? 무엇 때문에 인간학은 오직 미학으로서만 수행될 수 있는가? 이 물음에 대한 답은 헤르더가 "그리스 양식의 미학"을 일종의 "감정론"으로 규정하는 데에 숨겨져 있다. 주체 배후의 인간으로 되돌아가는 것은 동시에 "근거"에로의 복귀이어야 하는 "시원"으로의 복귀다. "이것은 **가장 필요한** 인간학의 한 부분이다. 왜냐하면 영혼의 **근거** 속에 우리의 **강건함**이 **인간**으로 존립해 있기 때문이다"(「바움가르텐」, 665). 헤르

---

4) Herder, "Wie die Philosophie zum Besten des Volks allgemeiner und nützlicher werden kann", *Werke*, Bd. 1, S.101~134. 여기서는 S.132. 다음과 비교하라. Caroline Torra-Mattenklott, *Metaphorologie der Rührung: Ästhetische Theorie und Mechanik im 18. Jahrhundert*, München: Fink, 2002, Kap.5, 여기서는 S.301.

더는 주체 형성의 근거 내지 시원을 "본성"이라고도 부른다. 그리고 이런 인간의 "본성", 곧 그로부터 인간이 주체로서 "전개하는" 그 본성은 미학적이다. "미학적 본성"(『작은 숲』, 282). 본성은 미학적이다. 왜냐하면 그것은——여전히——명석하지 않고 정의 내릴 수 있거나 판명하지도 않으며 감각적이고 혼돈스러운 것이 아니라 "어두운" 것이자, 인식이 아니라 "감정"Gefühl[5]이며, 실천이 아니라 "영혼의 어두운 메커니즘"이기 때문이다(『작은 숲』, 275). "미학적인 것"은 헤르더에게 "어둡고" "그 이름이 말하는 바"를 행하는 미학은 어두운 것에 대한 탐구다.[6] 주체의 인간학적 계보학 프로그램은 오직 미학으로서만 수행될 수 있는데, 미학이 어두운 것에 대한 가르침이기 때문이고 어두운 것으로부터 명석한 것이, 무엇보다 감각적 인식의 명석한 것이 분명하게 인식될 수 있기 때문이다.

인간학이 미학으로 또는 미학이 인간학으로 새롭게 시작한다는 점을 지지하는 중심적 논증은 헤르더의 다음과 같은 확정에 있다. 곧 영혼의 어두운 메커니즘은 "시원", 주체 형성의 조건일 뿐만 아니라, 그것의 "근거"이다. 왜냐하면 그것은 "영혼 속에 있는 영원한 기초"이기 때문이다(『작은 숲』, 274). 주체와 주체의 능력이 형성되어야만 한다는 점은 이미 바움가르텐도 알고 있었다. 그는 연습이라는 개념 속에서 그것을 공식화한다. 마찬가지로 연습하는 주체 형성과 주체의 능력이 무전제적이지 않다는 점도 이미 바움가르텐은 알고 있었다. 그는 연습에 관한 『미학』의 장에서 "타고

---

5) "길(Weg) 결국 인식(cognitio) : 감정은 어떤 특수한 유(Gattung)를 형성한다"(「바움가르텐」, 671).

6) 이것에 대해서는 다음의 책을 보라. Adler, "Fundus Animae: der Grund der Seele: Zur Gnoseologie des Dunklen in der Aufklärung", *Deutsche Vierteljahrschrift für Literaturwissenschaft und Geistesgeschichte*, Bd. LXII(1988), S.197~220.

난 자연적인 미학AESTHETICA NATURALIS CONNATA(자연, 태어날 때부터 주어진 원형과 근본요소), 아름다운 사유에 대한 전체 영혼의 타고난 자연적 소질"에 관한 하나의 장을 설정함으로써, 그는 그것을 공식화한다(『미학』, § 28). 바움가르텐에게는 주체 능력의 전제인 자연은 한갓 자연이 아니라, 그보다 더 나아가 주체 능력을 위한 자연적 소질로서 나타난다. 바움가르텐 미학을 넘어서는 헤르더의 또 다른 공식은 다음과 같다.

> **자연적** 미학은 **인공적** 미학(논리학 역시 그렇다)과 단순히 **등급**에 있어서가 아니라 **본질적으로** 구분된다. 전자가 **언제나** 기질habitus이라면, 후자는 학문scientia이다. 전자가 **느낌들**과 **어두운** 개념들 속에서 작용하는 반면, 후자는 **명제들**과 판명한 **개념들** 속에서 **가르쳐지고 확신된다**. 그리고 **인공적인 것**은 **자연적인 것**으로부터 발생한다. 따라서 이것은 **인간**으로부터 설명될 수 있어야만 한다. 즉 하나의 **고유하고 중요한** 자연 현상으로서 설명되어야 한다. 모든 인간은 **선천적인** 미학aestheticam connatam을 가지고 있다. 왜냐하면 그들 **모두는 감각적** 동물로서 **태어났기** 때문이다.
>
> (「바움가르텐」, 660)

인간의 "미학적 본성"이 영혼의 시원 내지 전제일 뿐만 아니라 근거라는 말은 헤르더에게 두 가지를 뜻한다. 첫째로 미학적 본성과 주체 능력 사이의 차이를 점진적인 차이일 뿐만 아니라 본질적인 차이로 사유한다는 것을 뜻한다. 그것을 위해 헤르더는 동물적, 그리고 식물적 시원[7]이란 개

---

7) "우리는 중간 크기를 받아들여서 첫번째 시간으로 되돌아간다. 왜냐하면 인간은 우리 세계의 한 현상이 되었기 때문이며, 그는 오직 생각하고 느끼는 식물이었던 상태로부터 그가 동물이

넘을 가지고 인간의 미학적 본성에 대해 기술한다. 그리고 둘째로 미학적 본성이 지향하며 전개되는 주체성과의 본질적인 차이 속에서, 미학적 본성이 주체성의 근거 내지 기초로서 확정된다는 것을 뜻한다. 그것은 헤르더의 미학적 계보학의 두 측면이다. 그 계보학은 연습하고 형성되는 주체성의 형태로 인간 본성을 목적론적으로 질서 지우는 것과도 모순될 뿐만 아니라, 자연적이고 미학적인 메커니즘과 주체적이고 인식적인 실천을 한갓 외면적으로 층별화層別化하는 것과도 모순된다. 미학적 계보학 또는 계보학적 미학이란 그것이 발생한 어두운 메커니즘을 자기 안에 있는 타자로 견디는 방식으로 주체적인 능력을 사유하는 것이다.

그런데 "영혼의 어두운 메커니즘"은 도대체 어디에 기반하고 있는가?

표현으로서의 힘

영혼의 근거이자, 모든 것을 연습하며 형성된 주체 능력에 선행하는 영혼의 어두운 메커니즘, 그것을 이해하기 위한 전제가 바로 힘 개념에 대한 헤르더의 새로운 통찰이다. 그 문제를 다룬 헤르더의 가장 체계적인 논문의 부제副題에도 불구하고, 『인간 영혼의 인식과 느낌에 대하여』에서 그는 바움가르텐이 주체와 그의 능력 개념을 위해 가져왔던 라이프니츠의 "모나드 시"Monadenpoem 속의 강령적인 테제의 해명을 위해 힘 개념을 도입한

되기 시작하는 세계로 전환했기 때문이다. 인간은 자아에 대한 어두운 이념(Idee) 이외에 다른 어떤 느낌도 체험하지 않는 것 같다. 그만큼 그 이념은 오직 식물만이 느낄 수 있을 정도로 어둡다. 그 이념 속에는 전체 세계의 개념이 놓여 있다. 그로부터 인간의 모든 이념이 전개된다. 모든 느낌은 이런 식물적 감정에서 싹튼다. 싹의 가시(可視)적 본성 속에도 나무가 함축되어 있듯이, 그리고 각각의 잎이 [나무] 전체에 대한 이미지이듯이 말이다"(『작은 숲』, 274).

다. 그 테제에 따르면, "운동은 …… **내적 상태**의 현상으로 설명될 수 있다"고 한다.[8] 이런 "내적 상태"가 힘이다. 거기에서 헤르더는 하나의 힘 내지 "위력"Macht과의 연관이 통상적으로, 인과적으로 설명되지 않는다고 덧붙인다. "나는 이와 함께 무엇인가를 **설명한다**고 말한 것이 아니다. 나는 **힘**이 무엇**이라고** 설명하는 어떤 철학도 몰랐다. 하나 속에 또는 두 본질 속에 힘이 일어난다는 것을 몰랐다"(『인식』, 337 이하). 차라리 힘 개념은 "공간"과 "시간"의 영역에 놓여 있다. 그 개념은 직관의 한 형식(직관된 어떤 것이 아니다)을 가리킨다. 그리고 철학은 그것이 행하는 바를 행할 때, 이 직관형식에 "**주석을 달고**, 위계적으로 **질서 짓고**, **설명하고** …… 언제나 이미 **전제한다**"(『인식』, 338). 그래서 힘 개념은 하나의 사건 내지 하나의 대상과 같은 것이 아니라 하나의 "관계"Beziehung를 가리킨다.[9]

이런 관계의 구조는 "하나das Eine가 타자das Andere에 미치는 영향"(『인식』, 338)이다. 따라서 그것은 하나가 타자[표면] 위에 미치는 외적인 영향이 아니다. 타자는 차라리 하나를 통해 그렇게 영향받은 것이고 산출된 것이다. 그래서 하나는 다른 것으로 변신되거나 정련된다("…… 모든 본질의 **정련, 회춘, 단련**이라는 위대한 비밀"[『인식』, 330]). 더 나아가 타자는 하나의 타자다. 말하자면, 타자가 그 하나 속에 이미 안착해 있기 때문에 그것이 계속되는 그의[하나의] 타자다. "힘"이란 타자와 마찬가지로 하나가 오직 작용 속에서만, 타자 속으로의 이행 속에서만, 하나로부터 타자의 산출 속

---

8) Herder, *Vom Erkennen und Empfinden der menschlichen Seele*[이하 『인식』으로 인용-], *Werke*, Bd. 4(*Schriften zu Philosophie, Literatur, Kunst und Altertum, 1774~1787*), hrsg. Jürgen Brommack/Martin Bollacher, Frankfurt am Main: Deutscher Klassiker, 1994, S.327~394. 특히 S.338.

9) Herder, "Versuch über das Sein", *Werke*, Bd. 1, S.9~21. 특히 S.15.

에서만 존재한다는 것을 뜻한다. 따라서 "힘"이란 하나와 타자가 서로 함께 괄호 속에 묶여져서, 결국 타자는 다른 형태의 하나라는 것을 뜻한다. 헤르더가 "표현"에 관해 말하고 그것을 자주 행할 때면, 그는 하나와 타자 사이의 이런 연관을 목표로 하고 있다. "표현"이란 내부와 외부 사이의 관계가 아니라, 하나와 타자 사이의 영향 연관을 뜻한다. 타자는 표현이다. 그것은 하나의 표현이고 힘이다. 그러나 힘, 그 힘을 표현한 것은 타자이다. 그리고 그 힘의 표현은 또한 이미 하나였다. 따라서 하나는 단지 힘 내지 표현만이 아니라, 그것은 힘이자 표현이다. 하나는 어떤 힘의 표현이고 동시에 힘, 그것의 표현은 타자다. 오직 표현 속에서만 힘이 존재하지만 힘은 한갓 그때마다의 표현만은 아니다. 힘은 표현 이전에 그래서 모든 표현을 넘어서 존재한다.[10]

영혼의 어두운 메커니즘

헤르더의 힘의 표현이란 개념은 그의 저작 도처에서 빈번하게 사용된다.[11] 『작은 숲』, 『레싱 씨의 라오콘에 헌정하며』에서 헤르더는, 행위에 대해 레싱이 흔적만 남긴 정의를 대상 내지 부분들의 연속으로 교정해 놓기 위해서 사례로서 그 개념을 사용한다. "연속이라는 개념이 행위 개념에 속한다는 것은 단지 절반만 생각한 것이다. 그것은 **힘의 연속**이어야만 한다. 그래서 행위가 된다."[12] 그렇지만 행위 개념은 헤르더에게 힘을 통한 연속의 모범이 아니라, 단지 그것의 한 가지 경우일 뿐이다. 행위는 그 자체로부터가 아니라 오직 어둠의 근거 위에서만 이해될 수 있는 명석함의 영역에 속한다. 여기 어둠의 영역 속에서도 "힘"과 "표현"의 일반적 형식이 타당하다. 그런데 어둠의 영역 속에서 "힘을 통한 연속"은 의식 없는 연속이다.

어떤 무의식적 힘을 통한 무의식적 연속이다. 어둠이 "감정"으로서 인식과는 다른 "유"類Gattung를 만든다(본문 68쪽 이하)는 헤르더의 단언은 결정적인 지점을 제기한다. 어둠은 의식되지 않기 때문에, 그것은 결코 어떤 인식일 수 없다. 왜냐하면 그것은 무의식적인 것으로서 어떤 규범적인 차이 ──인식 분야에서 가상과 진리 사이의 그것처럼 ──일 수 없기 때문이다. 영혼의 어두운 메커니즘을 형성하는 힘을 통한 연속은 내적 원리의 정련Fortbildung이다. 정련의 규범으로 이런 원리와의 의식적 연관도 없이 말이다.

만일 우리가 ──헤르더와 함께 그리고 그에 반대해서 ──어떻게 영혼

---

10) 헤르더의 표현 개념의 구조에 관해서는 다음을 보라. Charles Taylor, *Sources of the Self: The Making of the Modern Identity*, Cambridge: Harvard University Press, 1989, p.368 이하 (Taylor, *Quellen des Selbst: Die Entstehung der neuzeitlichen Identität*, übers. Joachim Schulte, Frankfurt am Main: Suhrkamp, 1996, p.639). 그렇지만 테일러는 표현된 것을 힘으로서가 아니라 의미로 이해한다. 왜냐하면 "힘"을 테일러는 유독 인과적인 의미에서 이해하기 때문이다. 다음과 비교하라. Taylor, "Force et sens", éd. Gary Brent Madison, *Sens et existence: En hommage à Paul Ricœur*, Paris: Seuil, 1975, pp.124~137. ──뤼디거 캄페는 표현이 어떤 외적 행위의 표현으로서 그럼으로써 동시에 어떤 의미 지향의 표현으로 포착됨으로써 어떻게 "표현"이 17세기와 18세기에 "동질화"되는지를 보여 주었다. Rüdiger Campe, *Affekt und Ausdruck: Zum Umwandlung der literarischen Rede im 17. und 18. Jahrhundert*, Tübingen: Niemeyer, 1990, Kap. II, S.184. 헤르더의 "표현주의"는 이런 진단과 애매하게 관계한다. 그 역시 표현을 어떤 행위에 소급시키지만, 그는 이런 행위를 "해석학적으로" 이해하지 않는다(Campe, *Affekt und Ausdruck*, S.190).

11) 헤르더의 힘 개념에 관한 상이한 측면들에 대해서는 다음을 보라. Robert Clark, "Herder's Conception of 'Klaft'", *Publications of the Modern Language Association*, Vol. 57, No. 3(1942), pp.737~752. 다음과 비교하라. Ulrike Zeuch, "'Kraft' als Inbegriff menschlicher Seelentätigkeit in der Anthropologie der Spätaufklärung(Herder und Moritz)", *Jahrbuch der Schillergesellschaft*, Bd. XLIII(1999), S.99~122.

12) Herder, *Kritische Wälder. Oder Betrachtungen über die Wissenschaft und Kunst des Schönen. Erstes Wäldchen. Herrn Leßings Laokoon gewidmet*, *Werke*, Bd. 2, S.57~247. 특히 S.196. 다음과 비교하라. Torra-Mattenklott, *Metaphorologie der Rührung*, München: Fink, 2002, S.314 이하.

의 무의식적 힘이 포착될 수 없는지를 분명하게 한다면, 그와 함께 암시되는 주체 능력과 무의식적이고 어두운 힘 사이의 "종"적 차이가 처음으로 날카롭게 부각될 것이다. 무의식적이고 어두운 힘은 결코 주체 능력이 아니다. 왜냐하면 그것은 자기 의식적이지 않으며, 그래서 규범적이지 않기 때문이다. 그렇다고 그것은 무의식적이고 어두운 힘이 기계적mechanisch이라는 것도 생물학적biologisch이라는 것도 의미하지 않는다. 왜냐하면 어두운 힘은 법칙도 목적도 모르기 때문이다. 우리는 헤르더와 함께 그것을 명백하게 할 수 있고, 헤르더에 반대해서 그것을 명백하게 해야만 한다. 왜냐하면 그는 『인식』에서 두 방향, 곧 기계적인 방향과 생물학적 방향을 지시하는 모델들과 은유들을 제시하고 있기 때문이다. 그런데 두 방향은 인간 영혼의 어두운 메커니즘을 포착하는 데 그다지 유용하지 않은 것으로 입증된다. 그 두 방향은 끝까지 고수될 수 없다.

(1) 인간 영혼의 어두운 메커니즘은 기계적인 메커니즘이 아니다. 『인식』에서도 헤르더는 자주 "기계적인" 작용 연관들에 관해 말한다. 그러나 그는 인간 영혼의 근원에 대한 유물론적 설명 시도를 "특수한 기계적인 꿈들"(『인식』, 336)이라 명명하고, 시원적이고 어두운 느낌을 어떤 "기계적이거나 초기계적인übermechanisch 유희"로 기술한다(『인식』, 334). "기계적인 것"이란 헤르더에게 인간 영혼의 무의식적 힘들의 관점에서 자주 라이프니츠가 "능동적인 힘"의 자기 활동적 영향자동주의Wirkungsautomatismus라고 기술했던 것을 뜻한다. 능동적인 힘이란 "자기 스스로를 통해 활동하여 전혀 도움이 필요 없고, 오히려 단지 장애를 멀리하는 것만이 필요한 것"[13]

---

13) Leibniz, "Über die Verbesserung der ersten Philosophie und über den Begriff der Substanz", *Philosophische Schriften*, Bd. 1, S.195~201. 특히 S.199.

이다. 헤르더에게 "기계적인 것"이란 인간 영혼의 무의식적 힘들의 관점에서 이 힘들과 그것의 영향이 기계적으로 설명될 수 있다는 것을 뜻하지 않는다. 기계적인 설명들은 사건을 일반적인 법칙에 따른 힘의 영향으로 기술한다. 거기에 투입된 힘의 기계적인 개념은 하나의 육체가 또 다른 육체에 미치는 영향을, 다시금 다른 육체의 힘이 최초의 육체에 미쳤던 영향 등등을 통해 설명한다. 기계적이라 이해된 힘은 "반작용의 힘이고, 하나의 육체가 오직 다른 육체를 통해 그것에 영향을 미치는 힘 위에서 산출된 상태 전환에서만 행사하는 힘"이다. 다시 말해, 기계적이라 이해된 힘은 육체들 사이의 작용과 반작용의 법칙 아래에 놓여 있다. (그리고 그럼으로써 그 힘의 크기가 측정될 수 있다.)[14] 따라서 기계적인 의미에서의 힘이 주어진 육체가 다른 육체에 가하는 영향의 원인이라면, 헤르더의 힘이라는 표현 개념은 형태로부터의von 작용 과정을 기술하고 있는 셈이다. 표현적 의미에서 힘이란 다른 것으로부터 형태를 산출하는 내적 원리이다. 곧 서로를 통한 육체의 변화가 아니라, 상호 내부적인 형태의 '변질'Veranderung이다. 일반적인 법칙에 따라서 육체들 간의 상호작용을 설명하기 위하여, 기계주의적인 설명은 힘 개념을 투입하곤 한다. 이런 "졸렬한 기계주의, 어설픈 압박과 충격"(『인식』, 352) 모델을 헤르더는 "영혼의 어두운 메커니즘"을 위해서 거부한다. 왜냐하면 그것은 그 과정의 본성을 빠트리고 있기 때문이다. 영혼의 느낌들은 "표현"Ausdruck, Expression이다. 왜냐하면 그 느낌 속

---

14) 뉴턴의 힘 개념이 그렇다. 다음을 보라. Jean Starobinski, *Aktion und Reaktion: Leben und Abenteuer eines Begriffspaars*, Frankfurt am Main: Suhrkamp, 2003, S.35~42(인용된 공식화는 웨스트폴Richard S. Westfall에서 유래한다. Starobinski, Ibid., S.38). 코이레(Alexander Koyré)는 뉴턴 자신이 순수한 기계적인 힘 개념을 불충분한 것으로 간주했다는 것을 보여주었다. 다음을 보라. Alexandre Koyré, *Form the Closed World to the Infinite Universe*, Baltimore: Johns Hopkins University Press, 1957, Chap.9.

에서 형태를 산출하는 언제나 새롭고 언제나 다른 힘들이 작용하기 때문이다. 영혼의 과정은 내적 원리를 가지고 있지, 결코 외적인 법칙 아래 놓이지 않는다.

(2) 인간 영혼의 어두운 메커니즘은 생물학적 메커니즘이 아니다. 『인식』에서 헤르더가 기계주의 비판을 공식화한 곳에는 대개 생명Leben의 개념[15]이 자리를 차지하고 있다. 영혼이 결코 "졸렬한 기계주의"에 속하지 않는다는 사실은 "모든 경험들에 따르자면, 모두가 자극으로 가득 차 있고 생명이다"(『인식』, 352)라는 것을 말하고 있다. 기본 요소Element들의 내적이고 "정신적인" 연관을 표시하기 위해서, 헤르더는 "생명"에 관해 말한다.

> 만일 내부와 외부로부터 그와 같은 것의 원인을, 곧 "자극, 생명"을 전제하지 않는다면, 확장과 수렴의 기계적 내지 초기계적 유희는 아무것도 말하는 바가 없거나 거의 없을 것이다. 창조주는 어떤 정신적인 끈으로 결합했음에 분명하다. 그래서 어떤 사물들은 이렇게 느끼는 부분과 닮아 있고, 다른 것은 그와 반대다. 여기서 끈이란 어떤 기계주의Mechanik에도 의존하지 않는 끈을 뜻한다.(『인식』, 334 이하)

그렇지만 생명 개념은 느끼는 자와 느껴지는 것의 내적이고 "정신적인" 결속의 이념에 한정되지 않는다. 식물과 동물 같은 살아 있는 것에 대

---

15) 독일어 Leben은 영어의 Life처럼 다양하고 폭넓은 의미를 함축하고 있다. 이 책에서 옮긴이는 문맥을 고려하여 '생명', '삶' 등으로 번역했다. 여기에서는 생물학적 문맥과 접속된 부분이기에 '생명'이라 옮겼지만, 멘케는 생물학적 개념이 아닌 미학적·인간학적 개념으로 헤르더의 Leben 개념을 해석하고 있다. 독자들은 이 말 속에서 생명과 삶 그리고 두 말의 뉘앙스 차이 모두를 고려하며 읽기 바란다.—옮긴이

해 헤르더는 다음과 같이 쓰고 있다.

> 유기적인 조직을 가진 아름다운 건축, 그 식물을 보아라. 그 식물은 해갈시키는 이슬을 마시는 나뭇잎들에게 어떻게 향하는가! …… 무한히 섬세하고 잘 조직된 동물의 몸을 꼼꼼히 살펴보면, 마찬가지로 모든 조직, 모든 근육, 모든 자극적인 부분을, 그의 방식대로 생명의 수액을 찾으려는 동일한 직무Amt, 동일한 힘 속에서 발견할 것이다.(『인식』, 335)

식물과 동물이 관련된 여기에서 결국 "생명"은 한갓 "초기계적"이거나 "정신적인" 것, 하나의 내적인 것일 뿐만 아니라, 더 정확하게는 어떤 목적연관이다. 식물이나 동물 같은 살아 있는 것의 힘들은 그것들이 향해 거기에 있는 "직무들"에로 기관의 방향을 잡고 있다. 이처럼 생명 개념을 내용적으로 정밀하게 한 것은 그 개념을 사용할 때의 방법적인 균열에서 나온 것이다. 헤르더가 우선적으로 "생명"에 관해 말한 것에 따르면, 그것은 오직 "인간과의 유비" 속에서만 말해질 수 있다(『인식』, 330). 우리가 자연을 "우리의 느낌과 더불어 …… 생동하는"(『인식』, 329)[16] 한에서만 자연 속에는 생명이 존재한다. 따라서 헤르더에게 "생명"은 근원적으로 심리학

---

16) 때문에 헤르더는 "정신적인 끈"에 관해 말하며, 생생한 것은 또한 **믿겨져**야만 하지 더 이상 설명할 수 없다"고 말한다. "왜냐하면 그것은 **거기에 있기** 때문이며 백 가지 천 가지 현상들 속에서 **보이기** 때문이다"(『인식』, 335). 여기에서 헤르더는 더 나아가 생생함 개념의 객관적인 사용에 반대하는 칸트의 회의를 공유한다. 다음과 비교하라. James L. Larson, "Vital Forces: Regulative Principles or Constitutive Agents? A Strategy in German Physiology, 1786~1802", *Isis*, Vol. 70(1979), pp.235~249; Johann Friedrich Blumenbach, "Über den Bildungstrieb(Nisus formativus) und seinen Einfluß auf die Generation und Reproduktion", *Göttingisches Magazin der Wissenschaften und Litteratur*, hrsg. Georg Christoph Lichtenberg/Georg Forster, 1. *Jahrgang*(1780), 5. Stück, S.247~266.

적 개념이다. 그러나 그 개념은 통제되지 않고 더 나아가 생물학적으로도 사용된다. 그 가운데 생명 개념의 지위가 변한다. 곧 심리학적-유비적인 analogisch 용법에서 생물학적-객관적인 용법으로 말이다. 무엇보다도 그 내용에 있어서 그러하다. 생물학적으로 이해한다면, "생명"은 유기체의 내재적이고 목적론적인 연관들을 표시한다. 생물학적으로 이해하자면, 살아 있는 것은 목적론적으로 조직되었다.[17] 그러나 더 이상 이러한 생물학적 생명 개념으로부터 헤르더가 인간 영혼의 "초기계적" 과정을 표시하기 위해 출발했던 심리학적 개념으로 되돌아갈 길은 없다. 그 어두운 근거에 있어서도 느낌의 "생명"에 있어서도, 인간 영혼은 결코 유기체가 아니다. 말하자면 어둡고 무의식적인 인간 영혼의 힘은 결코 생물학적 힘이 아니다. 영혼의 무의식적 힘과 유기체의 생물학적 힘은 둘 모두 그것들이 자기변화 내지 자기운동의 내적 원리라는 점에서 기계적인 힘과 구분된다. 그러나 생물학적 힘은 유기체의 생명 형식 전체에서 어떤 목적을 향하고 있는 것에서 기인한다. 그것은 매번 특수한 경우와 사례 속에 있는 생물학적 일반성의 이런 생명의 형식의 재생을 위한 힘이다. 그에 반해서 인간 영혼의 무의식적이고 어두운 힘은 "세대"도 "영양섭취"도 "재생산"에도 봉사하지 않는다. 그것은 하나의 형식에 관여되어 있지 않으며, 어떤 목적을 성취하지도 않는다.

---

17) "인간에서 구더기에 이르기까지 그리고 히말라야 삼나무에서 곰팡이에 이르기까지, 모든 피조물에 특수하게 관통하고, 평생 활동하며 작용하는 충동이 놓여 있으며, 그것은 처음 특수한 형태를 받아들이고 그런 다음 보존하고, 그것들이 파괴된다면 가능한 한 다시 제작한다. 하나의 충동(또는 사람들이 단지 명명하고자 하듯이 경향성 내지 추구) …… 모든 세대, 영양섭취, 재생산이 존재할 것 같은 첫번째 원인 가운데 하나다. 그리고 여기에서 나는 도야-충동이라는 이름을 통해 그것에 대한 모든 오해를 피하고 다른 자연력과 구분한다"(Blumenbach, Ibid., S.249 이하).

더 나아가 "영혼의 어두운 메커니즘"을 규정하는 세 가지 부정태들이 있다. (1) 영혼의 어두운 힘은 결코 주체적subjektiv이지 않다. 그것은 어떤 규범적인 내용을 가지고 있지 않다. (2) 영혼의 어두운 힘은 결코 기계적인 힘이 아니다. 그것은 결코 어떤 외부적인 법칙을 그 아래에 두고 있지 않다. (3) 영혼의 어두운 힘은 생물학적 힘이 아니다. 그것은 어떤 유기체적 목적을 실현시키지 않는다. 이런 삼중적인 부정 속에서 영혼의 어두운 힘은 그 규정을 얻는다. 그것은 데카르트가 규정적이지 않다고 주장했던 것이 전개된 개념이다. 영혼의 어두운 힘은 그것을 통해 주체가 실천할 수 있는 능력과 같은 것이 아니다. 때문에 그것은 육체의 기계적인 세계를 지배하는 (기계적인) 영향력 가운데 하나도 아니며, 유기체의 살아 있는 본성을 규정하는 (생물학적인) 재생의 힘들 가운데 하나도 아니다. 어두운 힘 개념을 특징짓는 삼중적 부정의 긍정적인 내용은 인간 영혼의 어두운 힘이 (주체적·기계적·생물학적인 것이 아니라) 미학적인 것이라고 확정하는 데 있다.

헤르더는 어떤 계보학적 퇴행, 곧 인간이 아직 주체가 아니었던 시간들과 힘들로 되돌아가는 것으로서 철학적 인간학을 이해한다. 그는 인간의 이런 힘들을 "어둡다"고 명명한다. 왜냐하면 그것은 연습하면서 형성된, 의식적이고 실천적인 주체 능력에 맞서 있기 때문이다. 그 속에서 그것들은 기계적이고 생물학적인 힘들과 유사하다. 그래서 헤르더가 기계주의와 생물학의 은유와 모델을 차용했던 것이다. 그러나 영혼의 "어두운 힘"은 헤르더에게도 기계주의 내지 생물학의 범주가 아니다. 왜냐하면 영혼의 어두운 힘을 통해서는 어떤 기계적 법칙이 작용하지 않으며, 그것을 통해서는 어떤 생물학적 목적도 실현되지 않기 때문이다. 영혼의 어두운 힘은 무법칙적이고 무목적적인 일종의 미학의 범주다. 더 나아가 미학적 인간학인 계보학적 인간학은 주체 배후로 돌아가지만, 그러나 그것은 (기계적인 육체 내지 살아 있는 유기체의 세계 속에서처럼) 인간을 넘어서는 것이 아니라, 인간을 향해 간다. "어두운 힘"은 인간을 형성하는 일종의 전前, vor-주체적이고, 반反, gegen-주체적인 힘이다. 헤르더에게 그리고 헤르더 이후로 그것은 미학적인 것에 대한 근본적인 규정이다. "미학적인 것"은 주체적인 것은 아니지만, 차라리 인간에게 고유한, 힘들과 표현방식들이다.

일반성 없는 통일성

어두운 힘을 미학적이라고 특징짓는 삼중 부정에 따르면, 어둡고 미학적인 힘은 어떤 실천적인 규범의 관할하에 있지 않다. 그렇기는 하지만 그 힘이 기계적 법칙 내지 생물학적 목적의 관할하에 있는 것도 아니다. 규범, 법칙 그리고 목적은 일반적인 것의 세 가지 근본형식들이다. 더 나아가 "어두운" 힘이라는 미학적 개념에서 빠진 세 가지 힘 개념들의 공통점은 그것들이 각각 상이한 방식으로 일반자das Allgemeine와의 연관을 통해서 힘을 정의하고 있다는 점에 있다. 사실이다. 그 힘(내지 능력)은 어떤 특수자 속에, 어떤 특수한 주체 속에, 어떤 특수한 육체 속에, 어떤 특수한 유기체 속에 일반자와 연관해서 존재한다. 그 힘을 통해서 특수자는 일반자의 하나의 심급, 곧 일반자를 실현하는 하나의 심급이다. 주체에게 있어서 하나의 능력을 가진다는 것은 실천 규범을 실현시킬 수 있다는 뜻이다. 육체에게 있어서 기계적인 힘을 가진다는 것은 다른 육체와의 계산 가능한 상호작용의 법칙에 복속된다는 뜻이다. 유기체에게 있어서 생물학적 힘을 가진다는 것은 그의 삶의 형식을 정의하는 목적들을 추구한다는 뜻이다. 능력 또는 힘은 세 가지 모든 경우에 특수자 속에서 일반자의 현존을 가리킨다. 일반자는 힘으로서 특수자 내부, 거기에 있다.

그에 반해 미학적 힘의 삼중 부정은 일반적인 내용 없이, 곧 규범, 법칙 내지 목적 없이, 그것들을 힘으로 정의한다. 만일 그것을 통해 특수자 속에서 일반자가 실현되지 않는다면, 미학적 힘은 무엇을 행하고 어떻게 작용하는가?

인간 영혼의 미학적 힘은 (헤르더에게 이미 그렇게 인용되었던 규정이다) "확장과 수축의 유희"(『인식』, 334)로서 작용한다. 미학적 힘의 유희는 (헤르더에게도) 일종의 과정, 곧 우리가 그 속에서 "수용하고, 가공하고, 번식하는"(『인식』, 339) 과정이다. 그것을 통해 영혼은 "모든 것을 수용하고 자기 안에서 변화"시킬 수 있다(『인식』, 351). 비록 거기에서 산출된 것 곧 이미지들뿐만 아니라 음향들, 단어들, 그림들과 느낌들이 있지만, "[우리는] 이런 융합의 깊이를 대개 상상이라 명명한다(『인식』, 349)". 미학적 힘은 상상력이고 "상상"은 헤르더에 따르면 통일상Einheitsbildung이다. 우리는 "개개의 자극, 느낌, 감관에서 …… 말하자면 자연이 '다수인 하나'ein Vieles eine"라는 것을 본다(『인식』, 354). 상상력이 통일성을 형성한다는 사실은 전통적으로 다음과 같이 이해된다. 즉 상상력이 산출한 이미지들이 독립적으로 주어진 요소들("감관의 인상들")의 결합이라는 방식으로 이해된다. 그러나 그렇다면 인간 영혼 속에는 상상 이전에 이미 이런 인상들이 존재했어야만 할 것이다. 때문에 헤르더는 이런 배치를 뒤집는다. 미학적 힘의 작용인 "상상"은 그에 선행하는 인상들의 결합을 통한 이미지들의 산출이 아니다. 미학적 힘인 "상상"은 다른 이미지와의 결합을 통한 이미지 산출이다. 상상은 이런 이미지의 통일성을 산출함으로써 이미지들을 산출한다.

여기에서 우리는 다음과 같이 더 나아간다. 즉 다른 의미에서 사유와 느낌을 위한 이런 기여는 그처럼 상이할 수 있을지 모른다. 우리 인간 내면에서 모든 것이 융합하여 하나가 되며 …… 모든 것으로부터 이제 영혼은 옷, 감각적인 우주를 직조하고 영향을 미칠 것이다.(『인식』, 340 이하)

헤르더는 상상을 "정련된 이미지"Fortbildung(『인식』, 330)라고 이해함으로써, 더욱 철저하게 이와 같은 생각을 표현했다. 각각의 모든 상상 행위, 한 이미지의 산출 행위는 때문에 일종의 통일성 형성이다. 왜냐하면 그것은 다른 이미지의 변형 이미지 내지 정련된 이미지Um-oder Fortbildung이기 때문이다. 이미지는 인상들에서 변화된 것이 아니라 이미지들로부터 창조된 것이다. 이와 같은 상상의 변용 과정은 미학적 힘을 이해하기 위한 열쇠다. 이미지의 산출은 어떤 힘의 작용이고, 나아가 모든 이미지는 어떤 힘의 표현이다. 모든 상상물이 정련된 이미지 내지 변형된 이미지라면, 이제 어떤 새로운 이미지 산출은 지금까지 산출의 진척이고, 힘의 작용 모두는 일종의 확장된 작용이다. 상상의 미학적 힘의 작용은 이런 힘의 표현인 하나의 이미지를 산출하는 데에 있으며, 그처럼 확장시켜 작용을 미치는 데에 있다. 곧 첫번째 이미지는 다시 동일한 힘의 표현인 두번째 이미지로 이행하고, 이후 계속 그러하다. 미학적 힘의 모든 작용은 힘의 작용의 반복, 즉 되풀이작용Nochmalwirken이다. 미학적 힘은 다시 작용하고 확대 작용하고 그것이 반복되는 한에서 작용한다. 미학적 힘은 다른 표현을 통해 하나의 표현, 곧 힘이 스스로를 산출했던 표현을 대체하는 한에서 작용한다. 때문에 모든 상상은 통일이미지다. 왜냐하면 그것은 다음번에 한 번 영향을 미칠 그와 동일한 힘이기 때문이다.

이런 미학적 힘의 자기반복 과정이 어떤 일반성 —— 법칙, 목적, 규범이 없는 —— 을 통해서도 규제되지 않는다는 것을 보여 주는 두 가지 특징이 있다. 그것은 (1) 미학적 힘의 표현들이 서로 일치하지 않는다는 점과, (2) 미학적 힘들의 표현들이 동시에 그것들을 바꿔 놓는다는 점이다.

(1) 미학적 힘들의 모든 작용은 그 작용의 반복이다. 어떤 미학적 힘은 하나의 표현을 산출하고 그런 다음 더 확장된 것을 산출함으로써 작용하며 더 확장된 것에 작용을 미친다. 만일 미학적 힘이 그 반복의 힘이라면, 미학적 힘이 '할 수 있는' 것이라고는 반복되는 것뿐이라면, 그것을 위해서는 어떤 내적인 목적도 존재하지 않는다. 미학적 힘은 표현 어디에도 남아 있지 않으며 그 표현 각각을 넘어간다. 그것은 어떤 표현 산출을 위한 힘이자 이런 표현을 넘어가기 위한 힘이다. 상상의 미학적 힘이 반복됨으로써, 그것은 개개의 모든 표현들을 뛰어넘고 다른 것을 통해 그것을 대체한다. 미학적 힘의 표현들은 서로를 압박하고 서로 투쟁한다. 기계적·생물학적·실천적인 힘들에 있어, 그 모든 작용들은 동일한 일반성의 ——동일한 법칙, 동일한 목적, 동일한 규범의 ——특수한 실현이라는 점에서 공통적이다. 기계적이고 생물학적이고 실천적인 힘들의 모든 작용은 동일한 타당성에서 유래한다. 그것들은 서로의 곁에 있고, 동일한 일반적 내용을 예시하고 있으며, 서로 일치한다. 그에 반해서 미학적 힘의 표현들은 그것들이 일치할 수 있는 아무런 것을 가지고 있지 않다. 말하자면 그것들은 일반적인 내용이 없다. 동일한 힘의 작용 속에서 이미지는 이미지를 통해 대체된다. 미학적 힘의 작용 속에서 발생은 사라짐을 뜻한다.

(2) 미학적 힘은 표현들의 끝없는 산출이자 해체이며, 하나의 표현이 다른 표현으로 끝없이 이행하는 변형이다. 그래서 모든 단일한 계기 속에 있는 미학적 힘의 작용은 그 힘 자체가 산출했던 것을 뛰어넘는 데에 있다. 미학적 힘은 기존의 것과 관계를 끊음으로써 새로운 표현을 창조한다. 기계적, 생물학적 그리고 실천적인 힘들은 그것들이 일반성의 특수한 경우

를 산출하는 방식으로 작용한다. 즉 기계적 법칙을 통해 결정되는 어떤 사건, 하나의 생물학적 목적을 실현시키는 어떤 운동, 실천의 선에 이르는 어떤 행위와 같이 말이다. 기계적이고, 생물학적이거나 실천적인 힘의 작용은 매번 자기 안에서 완성된다. 그에 반해 미학적 힘은 그만의 표현의 반대 방향으로 향한다. 그것은 다른 표현 속에서 그 표현을 뛰어넘는다. 미학적 힘과 마찬가지로 미학적 표현도 반대 방향을 취한다. 만일 힘이 동시에 표현의 원천이자 과잉이고 근거이자 탈근거라면, 힘의 표현은 동시에 힘의 은폐다. 미학적 힘의 표현은 "마치 ~같은 표현"Ausdruck als ob이다. 기계적·생물학적·실천적 힘의 작용에서는 일반자가——법칙, 목적, 규범——실현된다. 미학적 힘의 작용 속에서는 아무것도 실현되지 않는다. 미학적 힘의 작용은 한갓 유희다.[18] 그것은 일종의 "연극"(헤르더)이자 표현과 은폐의 유희다.

* * *

단지 암시적인 방식으로 이따금씩 제시하는 비의도적인 이미지들 속에서, 헤르더는 일반적인 내용이 없는 미학적 힘에 대한 사상을 공식화했다. 『인식』은 기계주의, 생물학과 실천을 배제함으로써 부정적으로 그런 사상 주위를 맴돌고 있다. 헤르더가 다른 영역, 즉 미학의 영역이 아니라 역사의 영역에서, 일반적 내용 없는 미학적 힘에 대한 사상을 가장 분명하게 말했다

---

18) 헤르더는 힘들의 작용과 능력 행사를 구분하기 위해서 "유희"라는 어법을 사용한다. 그에 반해서 유희 개념은 칸트 이래로 그리고 누구보다 실러를 통해 이런 구분 자체를, 결국 힘과 능력 사이의 관계를 표시하기 위해 사용되었다. Ruth Sonderegger, *Für eine Ästhetik des Spiels: Hermeneutik, Dekonstruktion und der Eigensinn der Kunst*, Frankfurt am Main: Suhrkamp, 2000, Teil. 2 참조(프리드리히 슐레겔과 연관).

는 사실은 이런 간접적인 접근에 상응하는 것이다.

> 지금까지 **시대의 진보**를 전개시키려고 했던 사람들은 대부분 진보에 대
> 한 애착적인 이념을 가지고 있다. **더 많은 덕**과 **개별 인간의 행운**을 위한
> 진보 …… 이 꿈의 고통을 **보았고** 더 나은 것은 몰랐던 다른 이들은 기후
> 처럼 **악덕**과 **덕**이 **교체**하는 것을 보았다. 그들은 완전성이 봄의 나뭇잎처
> 럼 **생성**했다가 **사라지는 것**을 보았으며, 인간의 인륜성과 경향성이 **운명**
> 의 잎처럼 날아다니다 떨어지는 것을 보았다. **어떤 계획도, 어떤 진보도, 영**
> **원한 혁명도 없다. 페넬로페가 했던 것처럼 천을 짠 다음 찢어 버린다.**[19]

상위 힘들의 부상자

바움가르텐은 『미학』의 다섯번째 문단에서 열두번째 문단까지 "우리 학문
에 반대해서" 제기될 수 있는 일련의 이의제기에 대해 논하고 있다. 네번
째 이의제기에 따르면, "감각적인 것, 상상물, 동화, 열정의 혼미 등등은 철
학자들에게 전혀 가치 없는 것이자 그들의 지평 아래에 놓여 있는 것이라
고들 한다"(『미학』, §6). 이것이 감각적인 것의 이론에 반대하는 데카르트
의 이의제기에 대한 짧은 논평으로서 간주될 수는 없다. 왜냐하면 데카르
트는 감각적인 것이 철학적으로 탐구할 만한 것은 못 된다고 주장하지는
않았기 때문이다. 차라리 데카르트의 이의는 감각적인 것이 탐구될 수 없
다는 점이다. 그렇지만 바움가르텐은 합리주의 철학과 미학의 차이에 적합

---

19) Herder, *Auch eine Philosophie der Geschichte zur Bildung der Menschheit, Werke*, Bd. 4,
   S.9~108. 특히 S.40.

하고 그 차이를 날카롭게 특징짓는 개념 하나를 도입함으로써 이런 이의
제기를 기각시킨다. 그것이 바로 인간 개념이다.

> 철학자는 인간들 가운데 한 인간이며, 인간 인식의 대부분이 그에게 속
> 하지 않는다고 믿는다면, 그는 그 점에서 좋게 행동한 것은 아니다.
> (『미학』, §6)

데카르트의 테제, 곧 감각적인 것은 그것의 비규정성 때문에 철학적으
로 인식 불가능하다는 테제는 인간 개념의 포기에서 오는 직접적인 귀결이
다. "나는 존재한다, 나는 실존한다"라는 생각과 필연적으로 연결되는 물음,
"지금 필연적으로 존재하고 있는 나는 도대체 누구인가"라는 물음은 내가
인간이라는 것을 통해서는 결코 답해질 수 없다. 이것이 나의 육체, 삶 그리
고 결국 감각적인 것을 포함해야만 하지만, 그 사실에 관해 어떠한 확실한
것도 알지 못하기 때문에, 나는 확신을 가지고 스스로를 한 명의 인간으로
표시할 수 없기 때문이다.[20] 그에 반해서 바움가르텐은 완전히 반대로 철
학자가 인간이라는 점을 기억함으로써 미학을 정당화한다. 바움가르텐이
감각적인 것에 대한 ("미학적") 탐구를 기획한 것은 그가 인간 개념을 철학
적 자기 인식의 한 가지 근본 개념으로 만들었다는 점에서 정당화된다.
　　바움가르텐 미학에 대한 헤르더의 이의제기에 따르면, 그[바움가르텐]

---

20) "그렇다면 나는 이전에 나를 무엇이라고 믿고 있었는가? 물론 인간이라고 생각했다. 그러나
　　'인간'이란 또 무엇인가? 이성적이고 살아 있는 존재라고 말해야 할까? 아니다. 왜냐하면 '살
　　아 있는 것'과 '이성적인 것'이 무엇인지를 이어서 물어야만 하기 때문이고, 하나의 물음으로
　　부터 더 많은 물음과 더 어려운 물음에 빠져들기 때문이다. 그런 종류의 궤변(subtilitates)으
　　로 시간을 낭비하기에는 나는 많은 시간을 가지고 있지 않다"(『성찰』, II. 5, 45).

가 이 테제를 통해 허용했던 것이 무엇인지를 개념적으로 포착하지 못했다. 왜냐하면 우리 "인간보다 더 강한 것"이 "우리 영혼의 **근거**"에 있으며 (본문 67~68쪽 참조) 어둡고 한갓 혼돈스럽기만 하지 않은 힘들, 인식이 아닌 "느낌"이(규범·법칙·목적 없는 표현의 유희가) 우리 영혼의 근저를 형성하기 때문이다. 바움가르텐 미학의 "실수"(헤르더)는 인간을 주체로서 사유한다는 점이다. 미학적으로 사유한다는 것은 인간을 사유한다는 뜻이고, 하지만 인간을——미학적으로——사유한다는 말은 인간과 주체의 차이를 사유한다는 뜻이다.

때문에 헤르더가 영혼의 어두운 메커니즘에 대해 심사숙고함으로써, 그는 이 프로그램을 철저히 실행하는 방법을 제시한다. 왜냐하면 그것은 이원론 없이도 인간과 주체의 차이를 사유하도록 허락하기 때문이다. 자연과 정신 사이의 근대적 이원론은 인간에 있어 주체 아닌 모든 것을 자연으로 개념화하도록 강요한다. 말하자면 근대 자연과학적 의미에서의 자연으로, 결국 우선은 기계적 의미에서, 다음으로는 18세기 이래 생물학적인 의미에서의 자연으로 개념화하도록 강요한다. 어두운 힘에 대한 헤르더 개념의 비판적 테제에 따르면, 인간이 기계적 내지 생물학적 의미에서 자연이기 때문에, 인간이——완전히——주체가 아닌 것은 아니다. 차라리 인간의 자연Natur은 인간적 본성Natur이다. 그것은 미학적인 의미에서 본성이고 그 작용이 표현의 유희 속에 있는 힘들이다.

인간은——완전히——주체가 아니다. 왜냐하면 인간의 미학적 본성이라는 어두운 힘들은 주체의 실천적 힘처럼 일반적인 형식을 특수한 경우 속에서 실현시키지 않기 때문이다. 인간은 어떤 미학적 본성을 가지고 있기 때문에, 그는 "상위 힘들의 부상자Invalide"[21]처럼 뒤처져 있다. 그러나 인간이 완전한 주체가 될 수 없는 바로 똑같은 이유로 그는 주체가 될 수 있다. 그것이 첫번째 측면이다. 인간의 미학적 본성이 어두운 힘이기 때문에, 그것은 (아리스토텔레스적인 의미에서) 소질로서, 주체 능력 형성을 위한 인간 규정으로 이해될 수 없다. 어두운 힘은 표현의 유희 속에서 주체적이지 않지만 실천적이다. 그래서 주체의 실천적인 능력은 오직 바깥으로부터 힘의 유희를 깨트리는 사회화된 연습을 통해서만 형성된다. 주체의 "탄생"은 인간 속으로 낯선 것이 틈입하는 것이다.[22] ——그것이 다른 측면이다. 바로 인간의 미학적 본성이 어두운 힘이기 때문에, 그것은 힘의 유희를 깨트리며 연습하고 도야하는 주체 능력에 대립해 있는 냉담한 타자로서 (기계적 내지 생물학적 의미에서) 이해될 수 없다. 왜냐하면 힘의 표현의 유희 속에서 그 어두운 힘은 인간을 비규정성에 내맡기기 때문이다. 그 비규정성은 인간을 모든 법 내지 목적으로부터 자유롭게 하며, 그와 함께 가장 먼저 실천 능력의 형성을 위한, 결국 주체를 위한 자격을 준다. 인간의

---

21) Herder, *Ideen zur Philosophie der Geschichte der Menschheit*, Teil. 1, Buch. 4, IV, *Werke*, Bd. 6, hrsg. Martin Bollacher, Frankfurt am Main: Deutscher Klassiker Verlag, 1989, S.143. 헬무트 플레스너는 *Lachen und Weinen: eine Untersuchung nach den Grenzen menschlichen Verhaltens*의 결론부에서 이곳을 인용한다(Helmuth Plessner, *Gesammelte Schriften*, Frankfurt am Main: Suhrkamp, 1982, S.201~388. 특히 S.384). 거기에서 그는 미학과 인간학의 결합 프로그램을 공식화하고 있다. 동시에 그 프로그램은 미학에 대해 반대한다. 여기에서의 미학이란 "소위 미학적 영역의 편견을 통해서 지배적인 미(美)와 추(醜) 개념의 역할을 결정하는 것"을 말한다. 그리고 그것은 마치 "고전 철학의 그림자 속에서 일어났고 그 철학의 지도방침이 규제적인 규율을 통해 받아들여졌던" 지금까지의 "인간 관계론"에 반대하는 것과 같다. 플레스너에 대해서는 한스-페터 크뤼거가 재구성한 것을 보라. Hans-Peter Krüger, *Zwischen Lachen und Weinen*, Bd. 1(*Das Spektrum menschlicher Phänomene*), Berlin: Akademie, 1999. 이어서 다음을 보라. Gerhard Gamm, *Flucht aus der Kategorie: Die Positivierung des Unbestimmten als Ausgang aus der Moderne*, Frankfurt am Main: Suhrkamp, 1994, S.73 이하, S.212 이하.

22) "이런 교의, 우리 속에 각인되어 있는 어떤 낯선 것의 이런 의미는 우리의 사유에게 전체 내용과 방향을 제시해 준다. 바깥으로부터 오는 봄과 듣기 그리고 쇄도함을 고려하지 않는다면, 만일 우리를 위한 가르침이 너무 일찍 생각되지 않고 가령 완벽한 사유 공식이 우리에게 각인되지 않았더라면, 우리는 깊은 밤과 맹목 속을 위태롭게 걷는 셈일 것이다"(『인식』, 358).

"미학적 본성"을 형성하는 어두운 힘들의 표현 유희는 그 자체가 실천적 능력의 연습과 형성을 가능케 한다. 하지만 여기에서 실천 능력의 연습은 그 힘들의 유희와 대립한다.

헤르더가 미학적 본성으로부터 인간 개념을 생각함으로써, 그는 단지 인간과 주체의 차이, 어두운 힘과 실천적 능력의 차이만을 생각한 것은 아니다. 차라리 헤르더는 인간 속에서 차이를, 차이로서의 인간을 사유하고 있다. 말하자면 인간의 미학적 본성을 주체의 시원이자 동시에 심연으로 사유하고 있다. 이런 생각은 "우리 자웅동체雌雄同體적 인간성에 대한 두 가지 극단적 사상"[23]이다.

---

23) Herder, "Versuch über das Sein", S.11. ——아들러가 "여기에서 헤르더가 '완전한 인간'에 대해 진지하게 생각한다"고 이 부분을 읽은 것은 그의 해석의 수미일관된 귀결이다(Adler, *Die Prägnanz des Dunklen: Gnoseologie, Ästhetik, Geschichtsphilosophie bei Johann Gottfried Herder*, Hamburg: Felix Meine, 1990, S.54).

4장 | 미학화 : 실천의 변용

인간의 본성은 미학적이다. 인간의 본성, 인간 영혼의 바탕은 어두운 힘들이 유희하는 가운데 있기 때문이다. 그것이 바로 헤르더의 미학적 인간학의 원칙이다. 그렇다면 헤르더는 어디에서 그것을 알게 되었을까? 실천적 능력이 본질적으로 자기 의식적인 데 반해 어두운 힘들이 무의식적인 것은 어두운 힘들의 본질에 속한다. (때문에 그것은 "어둡다"고 불린다.) 실천적 능력은 그것의 규범적 내용, 실천 능력이 실현하는 실천의 일반성에 대한 앎을 포함하고 있다. 그래서 실천적 능력에 대한 앎은 반성적인 앎이다. 실천적 능력을 소유하고 있기 때문에, 우리는 그것에 관해 알고 있다. 능력에 대한 철학적 앎이 능력 안에 있는 오직 함축적이고 실천적인 앎만을 분명히 말한다는 점은 명백하다. 그것은 인간 영혼의 어두운 메커니즘으로 간주될 수 없다. 미학적 인간학이 내용적으로 주체성의 철학에 맞서 있는 것만은 아니다(그것은 인간을 주체로부터 사유하는 것이 아니라, 인간으로부터 주체를 사유한다). 미학적 인간학 역시 자기 스스로를 다르게 이해해야만 한다. 그것은 우리의 실천적 자기 의식의 명확한 표명Artikulation일 수 없다. 왜냐하면 계보학적으로 인간의 미학적 본성을 되짚는 가운데, 미학적 인간학은 주체의 지평과 주체의 자기이해의 지평을 넘어서기 때문이다.

여러 곳에서 헤르더는 "어두운 느낌, 힘들과 자극의 심연"에 대한 인간학적 앎을 "…… 매 발걸음마다 규정된 생리학이라고 하는"(『인식』, 340) 일종의 심리학에 위임함으로써 이 문제를 풀고자 한다. 그러나 생리학적 고찰 속에서 영혼의 어두운 메커니즘은 지나가 버린 단계, 아마도 우리가 오직 외부적 접근의 인식을 통해서만 얻을 수 있는 어떤 숨겨진 지층이 된다.[1] 그러나 그것은 영혼의 어두운 메커니즘이 연습과 가르침 ——"우리 속에 각인된 낯선 것의 의미"(『인식』, 358) —— 을 통해서 그 영향으로 파괴될 뿐만 아니라, 바깥으로부터의 틈입을 넘어 우리 안에서 계속된다는 사실과는 모순된다. 그 메커니즘은 "처음 강력한 인상"을 만들고 "결코 상실되지 않는다".[2] "미학적 본성"은 결코 폐쇄된 지층도 아니며, 인간 속에 남아 있는 시원적인 단계도 아니며, 인간의 주체성 아래의 깊은 곳에 있는 어떤 것도 아니다. 차라리 미학적 본성은 중단시키고 변화시키면서 주체 속에서 스스로를 표현하는 가운데 존립한다. 지속적으로 자신을 내보이기 때문에, 우리는 인간의 시원적인 미학적 본성에 대해 알고 있다. 그리고 그것은 끝까지 주체의 실천적 능력 곁에 있지만 바로 그 능력에 대립함으로써 자신을 내보인다.

더 나아가 인간의 미학적 본성에 대한 앎의 문제는 오직 미학적인 것이 한갓 "자연"이 아닐 때에만, 곧 한갓 시원적인 상태, "문화" 앞에서의 타자가 아닐 때에만, 답변될 수 있다. 미학적인 것이 알려질 수 있다면, 차라

---

1) 물론 헤르더는 이런 심리-생리적 인식의 물질적인 부분을 다음과 같이 묘사한다. "삶의 기술: 의사들과 친구들의 언급: 시인들의 예언 ——그것들만이 우리에게 참된 영혼론을 위한 소재를 제공해 줄 수 있다"(『인식』, 340).

2) Herder, *Über die neuere deutsche Literatur.* …… *Dritte Sammlung*, S.388 이하.

리 그것은 실천적 주체성의 문화 속에서 파악되는 어두운 메커니즘이어야
만 하지만, 그렇다고 문화의 부품, 견인차로는 변하지 않는 어두운 메커니
즘이어야만 한다.[3] 인간의 미학적 힘이 현상한다. 말하자면, 그것은 이성적
인 주체와 그 실천의 중단으로서 현상한다. 그 [미학적 힘의] 현상의 미학
적 사건을 경험했기 때문에, 우리는 우리의 미학적 본성에 관해 알고 있다.

열광으로부터 활력으로

미학적 사건은 인간의 미학적 본성이 그의 실천, 주체성 안으로 틈입하는
계기다. 만일 인간의 미학적 본성이 "시원"을, 그 주체성의 심연Abgrund(탈
근거)과 같은 바탕을 형성한다면, 이런 시원이 연습을 통해 형성되는 주체
성에 끝까지 대립하는 미학적 사건은 일종의 퇴행 행위일 것이다. 말하자
면 그것은 연습을 통해 형성된 주체성으로부터 빠져나와 어두운 힘들의
유희 속으로 되돌아가는 것이다. 그리고 그 유희로부터 나왔지만 그것에
대립하는 주체성은 연습을 통해 형성되었던 것이다.

　시적인 열광에 대한 플라톤의 이론(또는 플라톤을 통해 보고된 이론)은
주체성으로부터 빠져나온 경우로서 미학적인 것을 이해하는 데 있어서 가
장 영향력 있는 모델이다.

　　모든 우수한 서사시인들은 아름다운 시를 '기술'에 의해서가 아니라 영
　　감을 받아 접신 상태에서 만드는 것이오. 우수한 서정시인도 마찬가지요.

---

3) 이 부분에서 헤르더의 생각은 애매하다. 그 속에서 개체의 "호주권과 재산권"이 무제한적으로
　존중되어야 하는 "모국어"에 대한 그의 개념은 인간 안의 어두운 메커니즘과 주체성 사이의
　이질성을 평준화시킨다(Herder, Ibid., S.388).

코뤼반테스Korybantes 제식(열광적 음악과 춤의 광란적인 종교의식으로 정신병 치료에 도움이 되었다 함)에서 춤꾼들이 제정신이 아닌 상태에서 멋진 춤을 추듯, 서정시인들 역시 제정신이 아닌 상태에서 그 아름다운 노래들을 지어 냅니다. 일단 음악과 리듬에 휩싸이면 접신한 상태에 빠져들어 그 순간에 ——마치 부인네들이 바쿠스(술의 신)에 접신하여 강물에서 꿀과 우유를 뽑아 오지만 제정신이 들었을 때는 그러지 못하듯——서정시인들이 말하는 그 기이한 체험을 하게 되는 것이오. 그들이 하는 말을 그대로 옮기자면, 꿀이 흐르는 샘물에서, 또는 시신詩神의 동산과 정원에서 벌처럼 노래를 모아 우리에게 제공한다는 것이오. 또한 벌처럼 하늘을 날면서 그런다 하오. 이것은 전적으로 진실이오. 시인이란 가볍고, 날개 돋친 거룩한 존재로서 접신하여 제정신을 잃고 이성이 빠져 버리기 전에는 시를 지을 수 없소. 자기의 이성을 가지고 있는 한 아무도 시를 지을 수 없고 예언도 할 수 없소.[4)]

시짓기는 "신적인 광기와 신들림"이고 그와 함께 "어쨌든 …… 어떤 앎도 아니며, 자기 자신과 진리를 계산할 수 있는 어떤 능력도 아니다(가다머는 플라톤적 관점을 그렇게 요약한다)".[5)] 시짓기는 어떤 실천적인 성취, 행위가 아니다. 그것의 바탕은 어떤 실천적인 앎도 능력도 아니다. 그래서 시는 어떤 실천적인 일도 선도 아니다. 이런 것들이 일련의 플라톤적인 이

---

4) Platon, *Ion*[이하 『이온』으로 인용-], 533e~534a, *Sämtliche Werke*, Bd. 1, übers. Friedrich Schleiermacher, hrsg. Karlheinz Hülser, Frankfurt am Main/Leipzig: Insel, 1991, S.23~59. 다음과 비교하라. *Apologie*, 22b~c, *Sämtliche Werke*, Bd. 1, S.197~261[이상섭, 『아리스토텔레스의 시학 연구』, 문학과 지성사, 2002, 221~222쪽 재인용-].
5) Gadamer, "Plato und die Dichter", *Gesammelte Werke*, Bd. 5, Tübingen: Mohr, 1993, S.187~211. 여기서는 S.189.

의제기(그리고 통일적인 이의제기)다. 시짓기 속에서 실천적 주체성의 붕괴가 일어난다.

　이런 시적 열광주의에 관한 플라톤적 모델과 미학은 어두운 힘들의 의식 없는 유희와 이성적 주체의 의식적 실천 사이의 대립을 공유하고 있다. 그러나 미학이 플라톤과 직접 연결되는 곳에서도 천재 이론에서도, 미학은 한갓 플라톤주의가 결코 아니며, 한 번도 반플라톤주의였던 적도 없다. 말하자면 단지 가치 평가 부호를 뒤바꾼 그와 동일한 묘사만은 아니다 (왜냐하면 플라톤이 시적인 열광 이론을 수용한 것은 자연스럽게 열광하는 자이자 진리를 말할 수 없는 시인들에 대한 비판을 목표로 하기 때문이다). 물론 미학에서도 문제는 이성적 주체의 실천 속으로 어두운 힘들의 유희가 틈입하는 것이다. 그러나 미학은 열광주의 모델과는 결정적으로 다른 방식으로 어두운 힘과 주체적 실천 사이의 관계를 이해하고 있다. 시인은 자신의 앎과 능력으로부터가 아니라 "예술을 통해" 말한다는 사실은 플라톤에게는 그들이 "신적인 힘을 통해서" 추동된다는 것을 뜻한다. "시인들은 신들의 대변자일 뿐이다"(『이온』, 534e). 그것은 시인이 "열광한 상태"에 있다는 것을 뜻한다. 시인을 통해서 외부적이고, 낯선 힘, 좀더 상위의 힘이 말을 한다. 말하자면 열광하는 시인은 일종의 "피안의 전화기"Telephon des Jenseits[6]다. 그에 반해서 미학은 주체 속으로 미학적인 것이 틈입하는 것을 그[주체]에게 고유한 어두운 힘들의 작용으로서 기술한다. 헤르더의 미학적 인간학에서는 배움에,[7] 주체의 "발생"에 이르는 철저히 근본적 의미로

---

6) (플라톤이 아니며, 틀림없이 쇼펜하우어를 넘어선) 니체가 그렇게 말한다. Friedrich Nietzsche, *Zur Genealogie der Moral*, III. 5, *Kritische Studienausgabe*, Bd. 5, hrsg. Giorgio Colli/Mazzino Montinari, München/Berlin/New York: Deutscher Taschenbuch Verlag/de Gruyter, 1988, S.346.

부터 다음의 사실이, 즉 어두운 힘들의 유희와 주체의 실천적 능력은 서로 구분되면서도 동시에 긴밀하게 묶여져 있다는 사실이 귀결된다. 후자[실천적 능력]는 전자[힘들의 유희]로부터 파열되면서 산출된다. 그래서 실천적 능력과 대립하는 시인의 내부에서 야기되는 어두운 힘들은 그 능력의 타자일 뿐만 아니라 그것의 시원이기도 하다. 플라톤이 주체 속으로 신적인 것이 침투하는 것으로서 시적인 열광을 이해하는 반면, 미학은 주체가 유래한 곳이지만 그에 반대해서 연습하며 형성해 온 그 상태로 되돌아가는 것으로서 미학적인 것을 이해한다.

미학적인 "퇴행"Regression 개념, 미학적 본성으로 되돌아감이라는 미학적 사건 개념이 그것을 파악하고 있다. 그리고 동시에 그것[미학적 사건]은 미학적 퇴행이 어떻게, 결국 무엇을 통해 발생하는지를 미학에게 묻는다. 플라톤이 언급했던 시적 열광 이론은 그 열광의 인과성에 대한 물음을 제기하지 않는다. 왜냐하면 실천적 주체성이 시적인 광기의 열광 속에서 붕괴되는 것은 "신적인 힘을 통해서"이기 때문이다. 열광의 원인과 내용은 하나이다. 그에 반해서 미학은 미학적 효과에 대한 하나의 이론을 필요로 한다. 즉 미학적 상황의 효과인 미학적 본성 속으로의 미학적인 퇴행 이론을 필요로 한다.[8]

무엇을 통해서 주체는 어두운 힘들의 유희 속으로 미학적인 퇴행을 하는 것일까? "바움가르텐 양식에 따른" 미학에 대한 헤르더의 비판을 지지하는 주요 증인인 요한 게오르크 줄처[9]는 이렇게 답한다. "에너지"의 전이

---

7) "모든 것은 그 차이에 이를 것이다. **언어를 배우**든지 우리 자신에게 언어를 **창시해 주자**" (Herder, *Über die neuere deutsche Literatur.* ······ *Dritte Sammlung*, S.394).

8) 그런 가운데 제시된 "미학적인 것"의 파열에 관해서는 이 책 107쪽("미학적으로 변화됨") 이하를 참조하시오.

를 통해서라고 말이다. 줄처는 하나의 각주에서 이 표현의 사용에 대해 다음과 같이 해명하고 있다.

> 다른 표현이 부족해서 나는 이 단어를 사용할 수밖에 없다. 말 속에서뿐만 아니라 취미에 속하는 다른 모든 것들 속에서 확실한 장점의 힘을 얻기 위해서 말이다. 그것은 바로 호라티우스Horatius가 말했던 것이다(*Sermones*, I. 4), acer spiritus et vis in verbis et rebus[말과 사물 속에서 정신과 힘을 기르다]라고 말이다.[10]

미학적 "에너지"는 "취미에 속하는" 것들이 인간에게 미치는 "힘"에서 유래한다. 두 가지 다른 성질, 곧 "완전성"과 "아름다움" 때문에, 취미에 속하는 것들은 인간에게 영향을 미칠 수 있다. 그것들의 영향 방식에 따라 취미에 속하는 것들의 "에너지"는 그와 구분된다. "우리가 어떤 사태에서 지각하는 완전성은 아름다움이 그와 같은 것을 보고 고찰하도록 자극하며, 그 에너지가 운동을 산출한다는 점에 대해 숙고하라고 명령한다"(「에너지」, 124). 어떤 것 ── 말, 사건, 음조 ── 의 에너지는 영혼을 움직이는 데에서 기인한다.

---

9) Johann Georg Sulzer(1720~1779): 스위스 신학자이자 계몽철학자. 크리스티안 볼프(Christian Wolff) 철학의 신봉자. 그의 미적 예술에 대한 일반이론은 미학의 전 범위를 체계적으로 다룬 최초의 백과사전이었다. ─옮긴이

10) Sulzer, "Von der Kraft(Energie) in den Werken der schönen Künste"[이하 「에너지」로 인용], *Vermischte philosophische Schriften*, Bd. 1, Leipzig: Weidemann und Reich, 1773, Reprint, Hildesheim/New York: Olms, 1974, S.122~145. 특히 S.122. 호라티우스가 말한 바는 다음과 같다. "번득이는 기지, 소재와 언어 속의 묵직한 힘". 다음과 비교하라. Horatius, *Sermones*, I. 4, *Sämtliche Werke*, hrsg. Hans Färber, München: Heimeran, 1970, Teil. 2, S.29~37. 특히 S.31.

이것은 수사학 전통의 한 부분이다. ──다른 것들 가운데 클라우스 도크호른Klaus Dockhorn의 주석, 즉 "근대 미학이 더 나아가 수사학적 텍스트에 대한 일종의 해석 연습으로, 결국 어떤 내인內因적 도야의 역사로서 전개된다"[11]는 주석은 이 점과 연관된다. 무엇보다 줄처가 어떻게 힘의 미학적 인간학을 매개로 운동에너지의("파토스"의) 수사학적 문채文彩, Figur를 공식화하고 있는지가 중요하다. 줄처는 "운동"Bewegung이란 표현을 "감동" 感動, emotion이란 말의 독일식 보완이라고 소개한다. 이와 함께 그는 미학적 에너지가 사유와 대립하는 감정에 영향을 미친다고 말했던 것 같다. 줄처를 통해 사용된 표현들인, "자극"과 "감격" 역시 그 점을 시사하고 있다. 그것은 "미학적 판단의 소재인 느낌이 미학적 효과의 규정 근거"가 된다고 (칸트의 비판적 공식 속에서) 이해될 수 있다.[12] 그것을 통해 칸트는 미학적인 것을 이해하고자 한다. 그런 이해에 따르면, 우리 안에서 취미의 사물들이 산출하는 그 "운동"은, 이런 사물들의 속성을 감지하거나 느끼면서 가치 평가한다는 점을 통해서 설명된다. 미학적 운동은 감정의 강렬한 반응일 것이며, 그것이 어떤 대상 속성의 정서적-비반성적 평가이기 때문에 강렬할 것이다. 칸트를 통해 비판된 이런 의미에서, 줄처가 정서에 대한 가치

---

11) Klaus Dockhorn, "Die Rhetorik als Quelle des vorramantischen Irrationalismus in der Literatur: und Geistesgeschichte", *Macht und Wirkung der Rhetorik. Vier Aufsätze zur Ideengeschichte der Vormoderne*, Bad Homburg u.a.: Gehlen, 1968, S.46~95. 특히 S.94. 파토스와 그것의 운동하는 힘에 관한 수사학적 이론은 S.53 이하를 보라.

12) Immanuel Kant, *Kritik der Urteilskraft*[이하 『판단력비판』으로 인용], §14, B43, *Werke*, Bd. 5, hrsg. Wilhelm Weischedel, Darmstadt: Wissenschaftliche Buchgesellschaft, 1983(『판단력 비판』, 백종현 옮김, 아카넷, 2009). 이것에 대립하는 해석으로는 다음과 같은 글이 있다. Konrad Paul Liessmann, *Reiz und Rührung: Über ästhetische Empfindungen*, Wien: Facultas, 2004, S.37~40; Alenka Zupančič, "Real-Spiel", *Spieltrieb: Was bringt die Klassik auf die Bühne?*, hrsg. Felix Ensslin, Berlin: Theater der Zeit, 2006, S.200~211. 특히 S.209 이하.

평가의 메커니즘으로 미학적 운동을 이해하지 않는다는 사실은 그의 다음과 같은 확언이 보여 주고 있다. 즉 미학적 "에너지"는 "영혼의 하부의 힘들"에 영향을 미칠 수 있는 것과 마찬가지로 "사물들을 보거나 스스로를 표상하는 방식, 즉 영혼 상부의 힘들"에도 영향을 미칠 수 있다(「에너지」, 135). 그것은 우리의 정서들만이 아니라 영혼의 모든 "힘들"이 한 단어, 대상, 음조의 에너지를 통해 "운동" 속에 빠질 수 있다는 것을 뜻한다. 영혼의 모든 "힘들", 즉 상위의 영혼은 물론 하위의 영혼도, 표상과 사유는 물론 느낌도 미학적 에너지의 전이를 통해서, "감동"emotion을 향해, 말하자면 운동 속에 놓일 수 있다.

그 속에 첫번째의 근본적인 통찰이 놓여 있다. 말하자면 인간의 시원적 본성으로서 미학적인 것을 규정하는 것을 넘어서서, 미학적인 사건 속에서 그 본성의 현상에 대해 묻는 미학적인 것에 대한 하나의 관찰이 그런 통찰에 이른다. 더 나아가 헤르더와 함께 규정된 의미에서 "미학적인 것"이 일종의 작용, 힘들의 유희라는 사실은 유효하다. 그리고 그것은 그 속에서 어떤 일반자도 실현하지 않기 때문에 "어둡다"고 명명될 수 있다. 그렇지만 미학적으로 존재하는 이것은 이제 더 이상 단지 시원적 단계의 속성으로, 인간 속에 있는 근본 지층의 속성으로 이해될 수 없다. 미학적 사건에서 어두운 힘들의 유희는 차라리 이성적인 주체성의 실천 속으로 침입한다. 그것은 미학적 사건을 어떤 퇴행의 사건으로 만든다. 어두운 힘들의 유희로 인도될 뿐만 아니라 주체의 실천적 능력에서 완성되는 어떤 퇴행이 된다. "운동" 속에 빠져들고 "감동"받는 것은 어떤 양태적인modal 규정이다. 그것은 "힘들"의 성취 방식의 한 규정이다. 여기에서 힘들이란 에너지 운송이 충분할 때 인간적 영혼의 모든 영역에 있는 "상위 힘들"과 "하위 힘들"(줄처)을 뜻한다. 우리의 용어로 말하자면, 그것은 실천적 능력처럼 어두운 힘들을 조절할 수 있다는 뜻이다. 그 미학적 퇴행, 어두운 힘들의 유희 속에서 주체는 단순히 그것의 시원적 상태로 되돌아가는 것만이 아니다. 주체의 미학적 퇴행은 보다 더 극단적이다. 그 퇴행은 어둡게 유희하는 힘들의 상태 덕분에 연습하며 형성되는 실천적 능력을 포기하는 것이 아니라 연습하며 형성되는 실천적 능력 자체를 "운동" 속에, 어두운 힘들의 유희 속에 옮겨 놓는다. 어두운 힘들의 유희 속으로 들어가는 미학적 퇴행은 실천적 능력의 미학적 변형이다. 어둡게 유희하는 힘들 속에서 그것은 실천적 능력을 변화시킨다.

줄처는 이런 결정적인 통찰을 전문용어로 표현한다. 헤르더가 어둠 개념의 새로운 파악을 통해서 바움가르텐 미학과는 정반대의 기획을 공식화시켰던 것에 반해, 줄처는 생생함Lebhaft에 대한 바움가르텐의 은유와 연결한 다음, 감각적 인식에 대한 바움가르텐 이론(생생함과 명석함을 함께 직조한다. 본문 54쪽 이하)을 폭파시키는 사상을 공식화시키는 데 그것을 사용한다. 거기에서 줄처는 에너지를 운반하는 단어들, 대상들, 음조들의 속성으로, 무엇보다도 이런 에너지를 통해 움직여진 영혼의 양상으로서 "생생함"에 대해 말한다.[13] 미학적 에너지의 작용을 통해서 "영혼은 그 전체 생생함을 다시 얻을 것이다. 처음에는 단지 마음에 들기만 했던 것이 이제 자극하고 운동하기 시작한다"(「에너지」, 128). 영혼의 미학적 변형, 주체의 미학적 본성 안으로의 퇴행은 실천적 능력의 "생기 넘치는" 변용이다. 그 능력이 어두운 힘들이 되고 유희하기 시작할 때까지.

---

13) "아름다운 예술들은 선과 악을 생생히 묘사함으로써 우리 영혼의 힘들을 이롭게 보존한다. 그것을 통해서 결국 아름다운 예술들은 매우 중요하게 될 것이다. 그리고 그 속에 이 예술들의 가장 중요한 힘이 놓여 있다"(Sulzer, "Kraft", *Allgemeine Theorie der schönen Künste*, Dritter Theil, Leipzig: Weidemann, 1793, Reprint, Hildesheim u.a.: Olms, 1994, S.65).

자기 자신에 대한 어떤 느낌

"미학적인 것"이 인간의 시원적인 본성일 뿐만 아니라, 그것은 주체의 곁에서 미학적 사건 속에서 현상한다는 것, 그리고 이런 미학적 현상이 주체의 퇴행으로 이해되고 이런 미학적 퇴행이 다시 변형으로, 주체의 실천적 능력의 "활성화"Belebung로 이해되어야만 한다는 것, 바로 이러한 논증이 미학적인 것의 "에너지"에 대한 줄처의 숙고와 함께 우리가 내딛을 수 있는 첫 걸음이다. 두번째 발걸음은 미학적 퇴행으로서의 변형이라는 메커니즘을 좀더 자세하게 해명하는 일이다. 줄처가 그것을 통해 영혼이 움직여지고 감동받는 미학적 효과를 다음과 같이 기술할 때, 그의 숙고는 이 발걸음에 접근한다.

> 만일 사람들이 ["운동의"] 이런 원인들을 올바르게 알고자 한다면, 다음과 같은 행운의 순간을 기억할 것이다. 그때 영혼은 부드러운 방심에 내맡겨짐으로써, 아무런 강제나 긴장도 없이, 일련의 유쾌한 생각들을 산출한다. 눈에 띄지 않게 물이 흘러가는 실개천처럼, 영혼은 자기만의 몰입마저 느끼지 못한다. 연이은 표상들을 창조하는 그림, 변화하는 그림에 완전히 주목하고 있다는 점을 영혼은 망각하고 있다. 대개 이런 상태는 길게 지속되지 않으며, 아주 작은 원인이 그 쾌적한 기만을 파괴한다. 그러면 영혼은 그 그림으로부터 눈을 뗀다. 자기 자신, 자신의 상태, 현재적 순간 속에 있는 자기 실존 방식에 시선을 두기 위해서 말이다. 이런 변화는 매번 운동을 산출하는 더 강하거나 더 약한 **놀라움**을 동반한다.
> (「에너지」, 124 이하)

이 기술 속에서 간과할 수 없는 점은 에드먼드 버크가 아름다움과 숭고를 구분한 것과 유사하다는 점이다. 이미 줄처는 그 차이를 미학적인 것의 두 유형으로 대립시키는 것이 아니라, 과정적인 것으로, "관찰 내지 직관(결국 아름다움의 '관조' 「에너지」, 124) 상태로부터 운동 상태로의 이행으로 이해한다(「에너지」, 128). 그러나 줄처가 버크에게서 차용한 것은 단지 미학적 효과의 두 측면, 곧 (아름다움의) "관조"와 (숭고의) "운동"의 차이와 과정적 결합에만 관계된 것이 아니다. 무엇보다 그것은 버크가 숭고 속의 경악에서 쾌를 설명하는 방식과 관계된 것이다. 버크는 아리스토텔레스 이래로 다뤄 온 비극의 패러독스와 연결된 그 쾌락이 "그와 그렇게 명백하게 대립해 있는 하나의 사태로부터 어떻게 즐거움delight과 같은 여하한 방식이 얻어질 수 있는지"[14]의 문제를 제기한다. 버크가 암시하고 있는 이 문제의 해법은 다음과 같다.

> 만일 경악스러운 것이 우리에게 너무 가까이 다가오지 않는다면, ……
> 그것은 언제나 즐거움을 산출하는 열정이다. 우리가 언제나 자연을 통해
> 어떤 능동적인 목적active purpose으로 인도될 때면, 우리는 만족 또는 일
> 종의 쾌감과 더불어 우리를 움직이는 (또는 "생기 있게 만드는"animates)
> 그 열정을 경험한다. 거기에서 어떤 사태가 문제인지는 아무런 상관이
> 없다.(『연구』, 42)

---

14) Edmund Burke, *A Philosophical Enquiry into the Origin of our Ideas of the Sublime and Beautiful*[이하 『연구』로 인용], ed. Adam Phillips, Oxford/New York: Oxford University Press, 1990, p.122.

줄처는 버크의 영혼의 "생기"animation를 영혼의 힘의 "생생함"Leb-haftigkeit으로 다시 공식화한다. 그러나 줄처는 무엇보다도 그 작동, 즉 버크의 기술에 따르면 영혼의 힘의 운동이 경악스러운 것에 직면해서 쾌의 감정을 산출할 수 있기 위해서——그것이 오직 우리에게 가까이 다가오지 못할 때——완수되어야만 하는 작동을 가리키고 있다. 영혼은 시선의 방향을 바꿔야만 한다. 그것은 대상으로부터 시선을 거둬야 하고, "자기 자신, 자신의 상태, 현재적 순간 속에 있는 자기 실존 방식에 시선을 향해야" 한다(「에너지」, 125). 숭고에 있어서, 역설적인 쾌락의 조건은 자기반성 행위이다.

모제스 멘델스존[15]은 그의 저서, 「광시곡 또는 느낌Empfindungen에 관한 편지 부록」에서 그것을 가장 분명하게 공식화했다.[16] 거기에서 멘델스존은 경악스러운 것의 즐거움을 보다 날카롭게 설명하면서 논의를 출발한다. 멘델스존이 데카르트를 지적하는 가운데 "모든 쾌적한 감각은 완성된 것으로서 어떤 대상을 바라보는 것에서 발생한다"[17]고 말하지만, 동시에 숭고함의 경악스러운 대상들은 결코 완성된 것, 좋은 것을 가지고 있지 않다는 점에서 어려움이 도출된다. 이 딜레마(이것은 데카르트에게도 마찬가지로 이미 공식화된 것인데[18])에서 빠져나오는 길은 숭고함의 쾌락이 그

---

15) Moses Mendelssohn(1729~1786): 계몽 시대에 활동한 독일 유대계 철학자. ─ 옮긴이

16) Mendelssohn, "Rhapsodie oder Zusätze zu den Briefen über die Empfindungen"[이하 「광시곡」으로 인용], *Ästhetische Schriften in Auswahl*, hrsg. Otto F. Best, Darmstadt: Wissenschaftliche Buchgesellschaft, 1974, S.127~165. 멘델스존 저작의 논증, 전사(前史)와 의미에 관해서는 다음을 보라. Zelle, *Angenehmes Grauen: Literaturhistorische Beiträge zur Ästhetik des Schrecklichen im achtzehnten Jahrhundert*, Hamburg: Meiner, 1987, Kap. IV.

17) Mendelssohn, "Von dem Vergnügen", *Ästhetische Schriften in Auswahl*, S.111~115. 특히 S.111. 즐거움은 "사람들이 선을 소유하고 있다는 생각에서 나온다"(Descartes, *Die Leidenschaften der Seele*, hrsg. und übers. Klaus Hammacher, Hamburg: Meiner, 1996, Art. 93. S.145).

외관과는 반대로 그것의 대상에서 오는 쾌락이 아니라는 점을 통찰하는 데 있다.

> 물론 그 즐거움은 거의 의지에 뿌리를 두고 있지 않으며, 참된 선 내지 겉보기의 선과는 전혀 다른 것에 뿌리를 두고 있다. 우리는 언제나 우리 바깥의 대상 속에서, 근원 이미지 속에서 이런 선을 찾아서는 안 된다. 대상의 결핍과 악惡조차도 표상들로서, 생각 있는 주제를 규정하는 것으로서 선하고 쾌적할 수 있다.(「광시곡」, 133)

"대상의 결핍과 악"에 대한 "표상"이 그 자체로 쾌적할 수 있는 "생각 있는 주제"는 (바움가르텐의 발화 방식에 대한 멘델스존의 독일어식 표현 속에서) 이런 표상들의 "주제"이자 "실체"다. 경악은 (그리고 그를 통해 경악스러운 것 역시) 우리가 그것을 우리의 열정, 곧 우리 영혼의 "운동과 감동"으로 본다면, 쾌적하다. 경악스러운 것에서의 즐거움 속에서 우리는 "거리"(『연구』, 36)를 얻으며, "우리와의 연관과 대상 연관을 분리한다." 또는 그 역으로 "객관적인 것을 주체적인 것으로부터 분리한다"(「광시곡」, 134, 132 이하). 경악스러운 것에서의 즐거움 속에서 영혼의 반성적인 반전反轉이 일어나는데, 그 속에서 영혼은 경험 대상 대신에 영혼 고유의 상태에 방향을 돌린다. 거기에서 대상의 경악스러움을 통해 야기되어 영혼이 자극 상태에 빠진다고 영혼은 확정한다. 그리고 이런 확정은 어떤 쾌감을 동반

---

18) "선의 향유"와 구분되는 "…… 영혼 속에서만 그 고유의 활동을 통해 일어나고 영혼 자체 속에서 그리고 그 자신을 통해서 야기되는 어떤 쾌적한 감정이라 명명할 수 있는 어떤 순수한 지적 즐거움"이 존재한다(Descartes, Ibid., Art. 91, S.143).

한다. 왜냐하면 데카르트주의적 쾌락 규정이 그것을 요구하듯이 쾌락은 좋은 것, 완전한 것에 대한 판단을 포함하고 있기 때문이다. 그것은 단지 경험하는 것의 완전성만이 아니라 경험하는 자의 완전성이다. 영혼의 상태 이외에 아무것도 아닌 완전성은 활동 속에, 운동 속에 있다. 멘델스존에 따르면, 뒤보[19]의 통찰이 그러한데, 영혼은 "오직 움직이려고만 하여, 불쾌한 표상들을 통해서도 그것은 움직여진다고 한다"(「광시곡」, 133). 이런 운동에 대한 '동경'의 성취, 영혼의 운동 추구의 성취는 그런 대상들에서도 즐거움을 형성한다. 언제나 그런 운동을 통해서 영혼은 영향을 받으며, 경악스런 대상의 묘사는 그것을 성취하는 데 특히 적합하다.

멘델스존처럼, 자기반성의 양상을 설명할 수 있기 위해서는 그것이 어떻게 이해되어야만 하며, 무엇 때문에 우리는 경악스러운 것에서 쾌감을 경험해야 하는 것일까? 그것은 일종의 특수하고 미학적인 것으로 이해되어야만 한다. 일단 그것을 부정적으로 말한다면, 철학적 자기반성과 혼돈되어서는 안 된다. 그것은 철학적 반성과 너무 유사하게 보여서 미학적 자기반성이 이후에 철학의 "선험적" 반성과 종종 비교된다.[20] 그럼에도 불구하고 두 가지는 근본적으로 구분된다. 철학적 자기반성은 성공적인 실천의 가능 조건을 묻는다. 그것의 구조는 보편자의 실현, 곧 특수자 속에서,

---

19) Jean-Baptiste Dubos(1670~1742): 프랑스의 신학자이자 계몽 미학자, 역사학자.—옮긴이
20) "공통의 관점에서 세계는 주어진 것으로 현상한다. 선험적인 관점에서는 마치 우리가 그 세계를 만들었던 [실제로는 만들지 않았으나] 것처럼 현상하며, 미학적 관점에서는 마치 우리가 그 세계 자체를 만들었을 방식 그리고 어쩌면 만들었을 방식처럼 주어진 것으로서 우리에게 현상한다"(Johann Gottlieb Fichte, *Wissenschaftslehre nova methodo*[Kollegsnachschrift]; zit. nach Wolfram Hogrebe, "Fichte und Schiller. Eine Skizze", *Schillers Briefe über die ästhetische Erziehung*, hrsg. Jürgen Bolten, Frankfurt am Main: Suhrkamp, 1984, S.276~289. 여기서는 S.285). 미학적 반성과 철학적 반성 사이의 관계에 대한 칸트의 규정에 대해서는 이 책 5장 124쪽 이하를 보라.

여기와 지금의 특수한 경우 속에서 실천의 일반적 형식을 실현하는 데 있다. 철학적 자기반성에서 중요한 것은 인간적 능력의 탐색이다. 능력 역시 인식될 수 있을 뿐만 아니라 경험될 수 있으며 인간적 능력의 경험 역시 쾌감과 결합될 수 있다. 다시 말해서 철학적 자기반성의 개념 속에서 자기 자신 곁에서의 쾌감은 인간 주체성을 형성하는 실천적 능력 곁에서의 쾌감이다. 말하자면 선을 위한 능력이 좋다는 점에서 오는 쾌감이다.

그러나 이제 경악스러운 것, 숭고의 테러(버크) 경험은 곧바로 우리 능력이 여기에서 실패한다는 점에, 말하자면 우리가 행위할 수 없다는 점에 있다. 그럼에도 불구하고 우리는 쾌를 경험한다. 그것은 우리 능력, 우리의 행위 능력에서 느끼는 쾌일 수 없다. 그러나 또한 행위할 수 없는 우리의 무능력에서 오는 쾌일 수도 없다. 왜냐하면 우리는 그것을 단지 불쾌와 함께 경험하기 때문이다. 그것은 실패하는 데 있어서의 불쾌다. 우리가 경악스러운 것을 쾌감과 함께 경험할 때 우리가 우리를 보는 상태는 능력의 상태도 무능력의 상태도 아니며, 행위 능력도 무능력도 아니다. 그것은 다른 상태인데, 곧 실천적 양자택일 ──성공 내지 좌절, 능력 내지 무능력 ──에서 벗어난 상태이다. 인간 영혼은 자기 연관의 다른 방식을 통해서 이 다른 상태를 자기 곁에서an sich 지각한다.

철학적 자기반성처럼 그것은 우리가 인식하거나 의욕하면서 (또는 "고찰하면서") 대상들과 관계 맺을 때 보통 "확실하게 망각"(「에너지」, 125)하고 있는 것에 주목하는 자기 연관이다. 그리고 그 속에서 자기 연관은 반성적이다. 우리는 우리 자신, 우리의 능력에 주목한다. 우리는 그것을 지향하지만 능력으로서는 아니다. 더 나아가 미학적 자기 연관 속에서 우리는 주체인 우리에게 지향하지 않는다. 만일 그렇게 한다면, 우리는 경악스러운 것에 직면하여 우리의 무기력한 무능력에서 단지 불쾌만을 경험할 것

이다. 차라리 우리는 능력 내지 무능력, 성공 내지 좌절이라는 실천적 양자
택일의 피안에 있는 능력을 미학적으로 지향한다. 미학적 자기 연관은 어
떤 "추상"[21]을 수행한다. 그것은 영혼이 목적하는 바와 좋은 것으로부터
떨어져 나와 영혼의 능력을 지향한다. 그것은 실천적 목적과 규범적 내용
을 도외시하는 가운데에서 순수 능력 자체를 지향한다. 능력의 실천적 목
적과 규범적 내용을 형성하는 선으로부터 능력을 해방시키는 것이 미학
적 자기반성을 발견하는 것이 아니라, 미학적 자기반성이 그런 해방을 산
출한다. 오로지 미학적 자기반성 속에서만, 그것을 통해서만, 선으로부터
의 능력의 해방이 존재한다. 미학적 자기반성은 객체로부터 주체를 분리
할 뿐만 아니라 선, 실천으로부터 능력을 분리하는 행위이다. 그러나 주체
의 능력은 오직 이런 연관 속에서만 존립한다. 말하자면 규범적 내용과 실
천적 목적이 없는 능력은 결코 아무것도 아니다. 그리하여 미학적 자기반
성을 통해서 능력의 통일성, 주체의 심급은 붕괴된다. 뒤에 남는 것은 인간
의 미학적 본성, 어두운 힘들의 유희다.

*　*　*

멘델스존과 줄처는 미학적인 것을 사건으로, 인간 영혼에 미치는 미학적
효과의 사건으로 기술한다. 거기에서 그 효과는 매번 어떤 측면을 중심부
로 옮겨 놓는다. 멘델스존은 경악스러운 것에서 느끼는 쾌감 분석에서 자
기반성의 메커니즘을 기술한다. 그 메커니즘을 통해 주체의 능력은 실천
적 연관들로부터 해방된다. 줄처는 "운동", "감동", "생생함"과 같은 개념

---

21) 가다머의 (비판적으로 생각된) 특징화가 그렇다. Gadamer, *Wahrheit und Methode*, S.84 이
하.[『진리와 방법 1』, 이길우·이선관·임호일 옮김, 문학동네, 2012; 『진리와 방법 2』, 임홍배 옮김, 문
학동네, 2012.]

들의 도움을 통해 어떻게 실천적 능력이 어두운 힘들로 (되돌아가) 변모되는지를 기술한다. 미학적 자기반성은 실천적 능력에 대한 부정적인 작동이며, 유희하는 어두운 힘들 속 미학적 변형을 통해 실천적 능력에 적극적으로 대응한다.

더 나아가 "생생함"과 "자기반성" 개념들은 (그렇게 공속한다) 인간 영혼에 미치는 미학적 효과를 어떤 사건으로서 기술할 뿐만 아니라, 이 사건을 인간 영혼 속에서의 한 과정으로 기술한다. 말하자면 영혼의 자기반성을 통해 어둡게 유희하는 힘들 속에서 실천적 능력들이 변형되는 그와 같은 과정으로 말이다. 그것이 미학적 과정이다. 능력을 통해 현실화되는 실천적 연관은 일반적 형식 아래에 놓인 특수한 경우들의 연관이다. 능력이 자기 자신으로 되돌려 향해지면, 그것의 일반적인 내용과 분리되어 한갓 그 자체로서, 특수자의 반복된 산출 그 자체로서 경험된다면, 결국 그 능력들이 힘들로 보이고 힘들로 만들어진다면, 이런 연관은 변화된다. 그렇다면 실천적인 연관은 미학적인 것이 된다. 그것은 어떤 힘의 일련의 표현이 되며, 그 힘은 고양되고 생생해진 운동 속에서 모든 개개 표현들을 넘어가고 확장해 간다.

미학적으로 변화됨

"생생함"과 "자기반성"이라는 표제 아래에서 멘델스존과 줄처가 숙고한 것들은 미학에 있어 근본적인 것으로 남겨진 미학적인 것에 대한 규정들을 도입하고 있다. 미학적인 것의 이런 내용적 규정들뿐만 아니라 그 존재론의 ―"미학적"이라 불리는 것의 존재방식의― 새로운 이해 역시 근본적이다. 멘델스존과 줄처가 미학적인 것을 과정으로 기술함으로써 그런 새로운 이해를 얻었다. 헤르더에게 "미학적인 것"은 인간 영혼의 하나의 상태이자, 영혼이 영향을 미치는 한 가지 방식이다. 이런 상태에 대한 규정은 어두운 것과 명석한 것, 느낌과 인식이라는 유형과의 대립을 통해서 성취된다. 헤르더는 이런 유형상의 대립을 시간적으로 연동시킨다. 즉 어두운 것과 명석한 것의 관계를 파열과 전개라고 이중적으로 기술하면서 말이다. 하지만 미학적 상태가 거기에서는 언제나 시원적인 것으로 사유되기 때문에, 그에게 이런 과정은 외적인 것으로 남는다. 곧 한때 어둡고 유희하는 힘들의 어떤 미학적 (자연)상태가 있었다는 식으로 말이다. 멘델스존과 줄처에게 그것은 근본적으로 변화된다. 왜냐하면 헤르더와 함께 (바움가르텐의 동화同化와는 반대로) 미학적인 것과 실천적인 것의 구조적 대립을 고수하고 있지만, 거기에서 시원적인 미학적인 것으로부터 출발하는 것이 아니라 현재의 실천적인 것으로부터 출발하고 있기 때문이다. 그렇다면 미학적인 것은 하나의 상태가 아니라 사건이며 그 미학적 사건은 일종의 과정이다. 그러나 과정인 하나의 사건은 과정 속에 있는, 그 진입 과정 속에 남아 있는 사건이다. 만일 미학적인 것이 실천적인 것의 자기반성적 변형 사건 속에서 존립하는 것이라면, 미학적인 것은 오직 이런 변용의 성취 속에서만 존립한다. 그것은 오직 이런 성취 속에서만 현재를 가진다. 미학적인 것은 결코 어떤 상태의 존재가 아니라, 어떤 생성이다. 미학적인 것은 오직 비-미학적인 것의 미학화Ästhetisierung des Nicht-Ästhetischen로서만 존재한다.

미학화될 수 있고, 미학화할 수 있다면, 비-미학적인 것, 실천적인 것을 넘어서는 그것은 무엇인가? 미학화는 실천적인 것의 자기반성을 통한 그것의 변형으로서 그에게 외적인 작동이 아니다. 차라리 실천적인 것은 언제나 이미 미학적인 것으로의 이행 속에 있다는 점이 미학화의 과정 속에서 보인다. 하나의 실천을 형성하는 모든 연관은 그 자신을 반성하고 그럼으로써 움직여지고 생기 있게 되면, 미학화될 수 있다. 그러나 다시 한번 더 무엇 때문에 그것은 그러한가? 그것이 미학화될 수 있다면, 실천적인 것을 넘어서 있는 그것은 무엇인가? 실천적인 것은 미학적으로 변화될 수 있다. 왜냐하면 그것은 미학적이었기 때문이다.

실천적인 것, 그 능력을 가진 주체는 처음 미학적인 것, 어두운 힘들의 작용에서 유래했다. 이런 발생은 극도로 모호한 과정, 자기 안에서 대립하는 과정이다. 한 측면에서 미학적 힘의 비규정성은——그것을 기계적, 생물학적 힘과 구분해 주고 "유희"를 형성하는 것(본문 72쪽 이하)——능력의 연습하는 형성을 위한 가능조건이다. 왜냐하면 그럼으로써 인간은 확정되지 않고 다른 어떤 것, 하나의 "주체"가 될 수 있기 때문이다. 다른 측면에서 미학적 힘의 작용방식에 대립하는 실천적인 것의 규범적 질서는 바깥으로부터 삽입되고 관철되어야만 한다. 주체화의 원초적인 장면은 낯선 의미의 각인이다. 두 측면이 함께 실천적인 것의 발생을 미학적인 것의 변화 과정으로 만든다. 실천적인 주체는 그 속에 이미 작용하고 있는 미학적 힘들과 연결되고 그 힘의 작용을 억압함으로써 발생한다. 실천적인 능력은 자기 자신에게 대항했던 미학적 힘들이었다. 그리고——오직——실천적 능력이 미학적이었기 때문에만, 그것은 미학적으로 될 수 있다. 실천적인 것이 미학적인 것으로 이행하는 것은 실천적인 것이 미학적인 것으로 되돌아가기 때문에 가능하다. 더 나아가 실천적인 것의 미학적 변형은 곧바로 자기반성적인 것으로서 일종의 퇴행 행위다. 말하자면 실천적인 능력의 과거 모습에로, 그리고 그 능력 저변의untergründig 것에로의 복귀를 뜻한다.

그러나 만일 실천적인 것의 미학적 변형(자기반성을 통한)이 미학적 퇴행으로 이해되어야만 한다면, 미학적인 것의 과정적 이해 역시 미학적 상태라는 개념이 없어서는 안 될 것이다. 물론 미학적인 것은 결코 상태가 아니며 상태로서 존재하는 어떤 현재도 없다. 미학적인 것의 현재는 실천적인 것의 미학화 과정이다. 그러나 동시에 미학화 과정은 어떤 어둡고 유희하는 힘들의 상태와 다시 연관된다. 여기에서 그 힘들 속에서 그리고 그 힘들에 반대해서 실천적 능력이 시작했다. 이 상태의 과거 없이는——"과거"는 이중적 의미인데, 이전의 현재와 지금 지나가 버린 것이 그것이다——미학화의 어떤 과정도 존재할 수 없다. 만일 헤르더가 그리고 지금까지 내가 헤르더와 함께, 이런 유희하는 힘들의 시원적이고도 어두운 상태를 "미학적인 것"이라 말했다면, 그것은 이제 이렇게 이해될 수 있을 것이다. 그 상태는 미학적이다. 그것이 미학적으로 재현실화reaktualisieren되기 때문에 그리고 재현실화되는 한에서 그렇다. 어떤 미학적 상태, 어둡게 작용하는 힘들의 상태가 있었을 때, 실천적 능력들의 연습하는 형성 이전에는 결코 미학적 상태가 없었고, 이런 상태는 결코 미학적이지 않았다. 그래서 미학적인 것은 어두운 것, 인간 영혼의 시원적 자연 상태가 아니다. 그러나 존재하는 것은 미학적인 것, 실천적인 것의 미학화이며, 그것은 오직 어두운 것의 재현실화로서만 존재한다. 실천적인 것의 미학화됨은 때문에 동시에 실천적인 것의 타자, 어두운 것의 미학화됨이다. 미학적인 것인 미학화Die Ästhetisierung, die das Ästhetische ist는 일종의 이중적인 미학화다. 말하자면 실천적인 것의 미학화이자 동시에 어두운 것의 미학화다.

조망 : 미학적 이론

미학화의 과정은 대상을 규정하는 사회적 실천을 지향한다. 미학화의 과정은 규정함이라는 사회적 실천을 무력하게 한다. 이러한 미학적으로 무력하게 하는 메커니즘은 주체가 규정함의 실천을 성취하는 바로 그 능력의 자기반성 속에 존립한다. 거기에서 (철학적인) 자기인식과는 대립해 있는 미학적 자기반성은 결코 주체적 행위가 아니다. 그것은 결코 주체가 자기 자신을 확신하는 반성 행위가 아니다. 왜냐하면 미학적 자기반성이 그 안에서 주체적 능력을 변형시키는 어둡고 유희하는 힘들은 주체에 속하지 않기 때문이다. 그러나 그것은 누군가의 힘들이다. 그 힘들이 능력처럼 한 주체를 통해 의식되고 목표되어 연습된다는 의미에서가 아니라, 내가 나의 고유한 힘으로서 그것의 전개를 경험한다는 의미에서 그러하다. 왜냐하면 그것들은 나를 변화시키고 "생동하게 하기" 때문이다. 미학화의 과정 중에 어떤 자기변화가 일어난다. 사회적 실천에 참여하고 그것을 연습하는 주체가 어둡고 유희하는 힘들의 심급인 자기Selbst로 변화된다.[22]

　　미학에서 중요한 것은 오직 자기, 즉 자기경험과 자기변화뿐이라는 주장은 미학만큼이나 오래된 이의제기이다. 헤겔과 키르케고르는 낭만주의에 반대해서 그런 이의제기를 했고, 하이데거와 가다머는 미학주의 Ästhetizismus 내에서 행해진 미학적인 것의 재공식화와 극단화에 반대해서 그런 이의를 제기했다. 이 비판의 입장에서 보면, 이론과 실천 속에서 미학적인 것에 대해 주목하는 것은 단순한 자기 연관성의 한 가지 표현으로, (언제나 사회적인) 실천의 거부로, 그리고 동시에 오직 규정함의 사회적 실천 속에서 우리에게 주어진 객관적인 것들에 대립해 있는 폐쇄적인 것으로 현상한다. 이 비판에 따르면, 미학적인 것에서 중요한 것은 한갓 인간의 "내적" 상태의 경험과 향유다. 미학은 일종의 "주관화"Subjektivierung의 담

---

22) 이런 자기변용 속에서 미학적인 것의 "윤리-정치적" 의미가 놓여 있다. 여기에 관해서는 이 책 6장 이하 참조.

론이다. (그리고 하나의 실천이 이 담론에 대응한다.)

인간의 상태로, 인간 자신이 존재자와 스스로를 향해 서는 방식으로 되돌
아간다는 것은 이제 ["근대"와 근대 미학에서] 인간 자신의 자유로운 자리
차지가 인간이 사물들을 발견하고 느끼는 방식에 대한, 간단히 말해 그의
"취미"가 존재자에 대한 법정이 되었다는 사실을 초래한다. 형이상학 내
부에서 이것은 모든 존재와 모든 진리의 확실성이 개별적인 자아의 자기
의식의 기반 위에 정초된다는 점에서 보인다. 곧 나는 생각한다, 고로 나
는 존재한다는 것에서 말이다. …… 자아 자신과 나의 상태는 첫번째 그
리고 본래적인 존재자다. 이처럼 확실한 존재자에서 그리고 그것에 따라,
그 밖에 존재한다고 불려질 수 있는 모든 것들이 측정된다. 나의 상태, 내
가 어떤 것 곁에 처해 있는 방식은 내가 사태들과 모든 만나는 것들을 어
떻게 발견하는지를 결정하는 데 본질적이다.
예술의 아름다움에 대한 의식Besinnung은 이제 인간의 감정상태, 곧 아이
스테시스αἴσθησις와 관련해서 강조되고 배타적인 방식이 된다.

(『니체』, I, 99)

이런 비판이 미학과 미학적인 것의 개념에서 놓치고 있는 것은 명백하
다. 그 비판은 범주적 차이, 결국 능력과 힘 사이의 이중적 과정(반성과 퇴
행)을 놓치고 있다. 그 비판은 실천의 미학화가 일종의 주체적 행위라는 사
실을, 곧 그 속에서 주체가 자기 자신과 관련을 맺고 있는 하나의 행위라는
사실을 가정하고 있다. 결국 주체가 완수하는 행위 속에서 자기 자신을 확
신하는 행위라는 사실을 가정하고 있다. 헤겔로부터 가다머에 이르기까지
"주관화"(아름다움, 문화, 예술의 주관화)로 미학을 비판하는 입장은 헤르더

의 바움가르텐에 대한 비판 이래로 미학이 힘이라는 이름 속에서 주체를 의문시한다는 점을 빠트리고 있다.

그러나 미학이 배타적으로 미학적인 것을, 결국 미학화의 과정을 극단화된 자기경험의 매체로 이해하며, "세계를 [오직] 그런 자기-미학화의 계기와 기회"[23]로만 간주한다는 미학에 대한 이의제기가 남아 있다. 바움가르텐 미학은 이런 이의제기와 만날 수 없다. 왜냐하면 그것은 미학적인 것을 인식의 한 형태로 파악하기에 그의 미학은 연관된 객체를 규정하는 것으로 미학적인 것을 파악하기 때문이다. "바움가르텐 양식" 미학에 대한 헤르더의 비판을 통해서 미학적인 것은 그것의 결정적인 객체 연관을 상실한다. 그럼으로써 미학적인 것은 대상이 없게 되는가? 그것은 모든 경험 대상들과의 연관 없이 진행되는 어두운 힘들의 자기반성적-생동하는 유희가 되고 마는가?

지금까지 고찰된 힘의 미학의 입장은, 어떻게 미학화의 과정이 대상들과 연관되는지를 말하려 할 때 당혹해한다. 줄처는 미학적 자기반성의 과정을 불러온 "쾌적한 기만"과 파괴의 "원인"으로서의 대상에 관해 애매하게 말한다(「에너지」, 124). 멘델스존은 미학적 표상의 대상에 관해 단지 부정적으로만 말한다. "그와 같은 대상은 약화되고, 어느 정도 멀찍이 떨어트리고 주변 개념들을 통해 순화되고 어두워져야[만 한다]"(「광시곡」, 133). 그것이 자기 자신 곁에서 미학적인 자기반성과 쾌감에 이르기 위해서는 말이다. 칸트는 힘의 미학에서의 이런 대상의 누락을 표현하기를, 표상을

---

23) Carl Schmitt, *Politische Romantik*, Berlin: Duncker & Humbolt, 1968, S.23. 이 비판에 대한 메타비판은 다음을 보라. Karl Heinz Bohrer, *Die Kritik der Romantik*, Frankfurt am Main: Suhrkamp, 1989, S.284 이하. 칸트의 미학적 대상의 문제에 관해서는 다음을 보라. Kern, *Schöne Lust: Eine Theorie der ästhetischen Erfahrung nach Kant*, S.117 이하.

미학적으로 성취하는 가운데 능력의 "생생함"을 위해서는 오직 "내가 이런 표상으로부터 나 자신 속에서 만든 것에만 이르는 것이지, 내가 대상의 존재에 의존하고 있는 것에 이르는 것이 아니다"(『판단력비판』, §2, B6)라고 했다. 그것에 대한 근거는 분명하다. 재인식할 수 있는 규정 속의 객체는 자체로 미학화의 과정을 일으킬 만한 어떤 것도 가지고 있을 수 없기 때문이다. 왜냐하면 이런 규정은 오직 그와 같은 재인식의 실천 속에서만, 곧 미학화의 과정이 무력하게 만드는 재인식의 실천 속에서만 얻어지기 때문이다. 그러나 동시에 ──그 속에 당혹스러움이 놓여 있다── 결정적인 객체 연관의 무력화Unterlaufung는 한갓 대상의 부재, 한갓 무대상성만을 뜻할 수는 없다. 그것은 마치 실천적 주체의 미학적 무력화가 자기상실을 뜻하지 않는 것과 같다. 규정하는 실천의 미학화 속에서 두 요소, 즉 주체와 객체는 단번에 변형된다. 비록 규정하는 실천의 미학화가 자신의 측면에서 어떤 객체의 특정한 속성을 통해서 산출될 수 있는 것이 아니더라도, 규정하는 실천의 미학화는 단지 어떤 대상의 "주어진 표상의 계기를 매개"해서만 일어나는 것이 아니다(『판단력비판』, §9, B31). 차라리 주체적 능력의 어둡고 유회하는 힘들에로의 (퇴행으로서) 변형은 동시에 재인식하는 대상의 규정 역시 다른 방식의 연관 속에서 변형시킨다. 미학적 자기변용-Selbstverwandlung에서 세계는 단지 "계기와 기회"(카를 슈미트)만이 아니다. 왜냐하면 이런 자기변용은 오직 미학적으로 변용된 대상 경험으로서만 가능하기 때문이다.

그와 함께 어둠의 미학은 힘의 유회를 묘사Darstellung로서 사유하는 과제에 봉착해 있다. 곧 어떤 대상의 (경험의) 묘사로서 말이다. 그것은 바움가르텐 미학조차 근거로 삼은 전승된 묘사 개념의 영역 내에서는 불가능하다. 왜냐하면 묘사는 여기에서 인식과 결부되어 있기 때문이다. "묘사"

란 바움가르텐에게 표상 요소들의 어떤 결합이다. 그것은 정의 내릴 수 없어 결국 "혼돈스럽고", 그러나 "명석해서" 결국 재인식할 수 있는 어떤 대상의 표상을 표현하는 말이다. 이런 묘사 개념에는 어둠의 미학의 기초가 없다. 왜냐하면 힘의 미학적 유희는 재인식하는 규정의 실천을 무력화시키기 때문이다. 따라서 어둠의 미학에서 "묘사"과 "인식"은 서로 구분되어야만 한다. 미학적 묘사는 인식 없는 묘사로서, 규정된 대상이 없는 묘사로서 이해되어야만 한다.

그것을 통해 하나의 모순으로서 자기 안에서 현상하는 것이 ── "미학적 묘사"라는 개념 속에서의 모순, 힘의 유희로서 "미학적인 것"과 어떤 대상의 경험으로서 "묘사" 사이의 모순 ── 바움가르텐 미학과 함께 시작된 인식의 파열 이래로 "미학적 이론"이라고 부른 것의 핵심을 형성한다. 미학적 이론은 미학적 묘사의 이론이다.[24] 그래서 "미학적 이론"의 근본 물음은 다음과 같다. 어떻게 그리고 무엇을 통해서, 힘의 미학적 유희가 대상의 묘사로 급변하는가? 그리고 이처럼 급변하는 가운데 대상은 우리에게 어떻게 보일까? 힘의 미학적 유희 속에서 우리에게 보이는 이 대상들은 무엇인가? 이런 물음들은 두 영역으로 이끈다. 그 두 영역은 어떤 미학적 인간학의 관점 저편에 놓여 있다. (그 때문에 여기에서는 단지 언급만 하고 상세하게 논의하지는 않을 것이다.) 그 하나는 아름다운 (자연-)사물의 미학적 이론이고, 다른 하나는 아름다운 (예술-)작품의 미학적 이론이다.

---

24) 다음과 비교하라. Winfried Menninghaus, "'Darstellung': Friedrich Gottlieb Klopstocks Eröffnung eines neuen Paradigmas", *Was heißt "Darstellen"?*, hrsg. Christiaan L. Hart Nibbrig, Frankfurt am Main: Suhrkamp, 1994, S.205~226. 메닝하우스는 이런 새로운 패러다임의 등장 시점을 1870년대 후반으로 잡고 있다. 헤르더, 줄처 그리고 멘델스존의 텍스트들은 그보다 이십 년 전에 나왔다.

(1) 힘의 미학적 유희 속에서 표현이 잇달아 산출되고, 표현을 통해 표현이 대체된다. 그래서 힘의 미학적 유희 속에서는 이런 유희 자체를 제외하고는 어떤 것도 묘사될 수 없다. 그것이 헤겔부터 가다머에 이르기까지 사람들이 미학적인 것의 대상 없는 자기 연관성을 비난했던 핵심이다. 실러는 그것을 다음과 같이 공식화한다. "육체적 작업 도구처럼 그렇게 인간 속에 있는 상상력은 내용과의 어떤 연관성도 없이 단지 그 고유한 힘과 무구속성을 즐기는 상상력의 자유로운 운동과 물질적 유희를 가진다."[25] 그로부터 실러는 힘의 유희로부터 유래하는 어떤 "비약"(Schiller, 664)을 통해서만 형식과 묘사, 형태와 내용을 산출할 수 있다고 결론짓는다. 힘의 미학적 유희는 어떤 맞받아침Gegenstoß을 통해서 묘사된다. 실러에 따르면, 이런 맞받아침은 오직 "완전히 새로운 힘"(Schiller, 664)을 통해서만, 결국 바깥으로부터 도입될 수 있다. 그러나 실제로 이런 맞받아침은 다름 아닌 미학적 유희가 대항하는 것만을 통해 결과한 것이다. 왜냐하면 미학적 유희는 결코 규정하는 실천 이전에, 그 옆에 또는 그 너머에 있는 상태가 아니라 오히려 그 실천의 미학화의 과정이기 때문이다. 미학적 유희는 규정하는 실천 곁에서 일어나지만 그것에 반대해서 일어난다. 이런 실천 속에서 규정함은 관련되어 있는 어떤 대립자를 가진다. 규정하는 실천과 힘들의 유희의 이런 대립 속에서 미학적 묘사가 점화된다. 힘의 미학적 유희는

---

25) Friedrich Schiller, *Über die ästhetische Erziehung des Menschen, in einer Reihe von Briefen, Sämtliche Werke*, Bd. 5, hrsg. Gerhard Fricke/Herbert G. Göpfert, München: Hanser, 1980, S.570~669. 여기서는 S.663. 유희("상상적인 것"의)와 형태의 긴장에 관해서는 다음을 참조하라. Wolfgang Iser, "Von der Gegenwärtigkeit des Ästhetischen", *Dimensionen ästhetischer Erfahrung*, hrsg. Joachim Küpper/Christoph Menke, Frankfurt am Main: Suhrkamp, 2003, S.176~202. 그에 반해 대상과 유희의 연관성에 관해서는 다음을 보라. Martin Seel, *Ästhetik des Erscheinens*, München: Hanser, 2000, S.70 이하.

재인식하는 대상규정에 반대하지만 그런 대상규정이 그 자리에 다른 규정을 설정함으로써가 아니라, 그것이 이런 규정 자체를 힘의 표현으로 만들고 그럼으로써 자기 안에서in sich 비규정적으로 만듦으로써 그러하다. "미학화"는 비규정적으로 만듦을 뜻한다. 그것을 통해 대상은 아름답게 된다. 미학적 유희는 대상을 아름다운 사물로 보여 준다. 아름다운 사물들은 힘의 유희 속에서 비규정적으로 만들어진 대상들이다.[26]

(2) 규정할 수 없는 아름다운 것은 규정하는 실천의 미학화를 통해서 미학적 유희 속에서 묘사된다. 그것은 아름다운 사물들과 마찬가지로 아름다운 작품들에게도 적용된다. 예술작품의 미학적 개념은 오직 규정하는 실천의 미학화, 힘의 미학적 유희 속에서만 존재하는 어떤 구조 개념이다. 그러나 아름다운 작품은 규정함의 미학화 과정 속에서 보이는 아름다운 사물 같지만은 않다. 아름다운 사물들과는 달리 아름다운 작품들은 미학화의 과정도 보여 준다. 예술작품은 프리드리히 슐레겔이 말한 것처럼 "자기 자신을 함께 묘사하는"[27] 그런 묘사다. 그때 예술작품이 자신을 함께 묘사한다는 것은 그것이 묘사되는 미학화의 과정을 뜻한다. 결국 실천과 규정함의 실천 능력으로부터 힘들의 유희로 향하는 과정이다. 이런 미학화의 함께 묘사함은 자체로 미학적으로 일어난다. 말하자면 그것이 발화됨으로써가 아니라 상연됨으로써 그러하다. 예술작품은 미학화가 묘사를 미학화함으로써 미학화를 묘사한다. 미학화의 묘사, 결국 규정함의 실

---

26) "미학의 역설은 대상을 통해 미학에 부과된다. '아마도 아름다운 것은 사물들 속에서 규정할 수 없는 것에 대한 노예적 모방을 요구한다'"(Adorno, *Ästhetische Theorie, Gesammelte Schriften*, Bd. 7, Frankfurt am Main: Suhrkamp, 1970, S.335. 인용문은 아도르노가 폴 발레리의 『바람결』*Windstriche*에서 따온 것이다).

27) Friedrich Schlegel, "Fragmente[aus dem Athenäum]", Nr. 238, *Studienausgabe*, Bd. 2, hrsg. Ernst Behler/Hans Eichner, Paderborn: Schöningh, 1988, S.105~156. 특히 S.127.

천으로부터 힘들의 유희에 이르는 과정의 묘사로서 그 묘사는 언제나 규정함의 실천의 묘사 자체이다. 그 묘사 속에서 이미 힘들의 유희가 작용하고 있는 것을 보는 규정함의 실천의 묘사이다. 미학적으로 고찰할 때, 예술작품은 일종의 복잡한 묘사 작업이다. 예술작품은 삼중적인 묘사이다. ⓐ아름다운 사물처럼 아름다운 작품은 힘들의 미학적 유희 속에서 묘사된다. ⓑ아름다운 사물과는 달리 아름다운 작품은 그 속에서 그것이 묘사되는 미학화의 과정을 함께 묘사한다. ⓒ때문에 동시에 아름다운 작품은 규정하는 실천의 새롭게 변화된 묘사다. 그리고 그런 작품은 실천을 미학화하는 무력화ästhetisierende Unterlaufung를 (함께) 묘사한다.

5장 | 미학 : 철학의 싸움

바움가르텐 『미학』의 첫 소절은 데카르트에 의해 구성된 "감각적인 것"의 영역을, 인식의 정당한 형식과 똑같이 특수한 영역, 곧 감각적 인식cognitio sensitiva으로서 적극적으로 포착하려는 기획을 공식화하고 있다. "미학(자유로운 예술들의 이론, 하위인식론, 아름다운 사유의 예술, 이성 유사물의 예술)은 감각적 인식의 학문이다." 바움가르텐은 단지 이론theoria과 기술ars, 탐구와 가르침만을 그와 연결 짓고 있는 것은 아니다. 바움가르텐 『미학』의 첫 소절은 그 같은 방식과 방향 제시의 방식으로 "하위" 인식, "이성 유사물"을 "자유로운" 예술들과 "아름다운 사유"와 결합시킨다. 가르치고 탐구하면서 미학은 일반적으로 감각적인 파악과 묘사를 지향하고 있으며, 그리고 그것의 특수하고 예술적인 성취 또는 아름다운 성취들을 지향하고 있다. 미학은 아름다운 것뿐만 아니라 예술들의 특수이론도 일반적인 인식론과 통합시킨다.

바움가르텐의 철학적 미학 구상에서 이 결합은 근본적인 것이다. 이 결합은 철학적 훈련Disziplin으로서 그것[미학]의 운동법칙이다. 즉 결합을 멈추지 않게 하는 특수자와 일반자의 변증법이다. 그래서 라이프니츠(그의 「고찰들」에서)가 무엇인가를 정의 내릴 수 없어도 알 수 있다는 테제를 위한 증거로서 "화가와 다른 예술가들"을 도입했던 것처럼, 바움가르텐은 우리가 예술들을 해명해 주는 미학적 연습을 가르쳐 주고 있다. 그래서 인과적 메커니즘 대versus 고유한 활동성이라는 지성과 감성의 합리주의적 대립구도는 잘못된 것임을 (그리고 그 까닭을) 가르쳐 주고 있다. 왜냐하면 감각적인 것 속에서 우리가 "주체"라는 사실(과 그 방식)을 미학적 연습은 가르쳐 주기 때문이다. 그와 함께 예술적 실천에 대해 숙고하는 것은 그 시대에 철학적으로 표명된 자기이해를 근본적으로 변화시킨다. 자유로운 예술들과 아름다운 사유에 대한 하나의 반성을 통해서 바움가르텐은 미학을 지배적인 철학의 비판으로서 실천한다.

미학을 감각적인 것에 관한 일반 이론과 아름다움 및 예술들의 특수 이론의 변증법적 연관으로 구상할 수 있기 위한 전제는 바움가르텐이 그의 미학의 초입에서 미학의 전체 영역을 "감각적인 인식"의 영역으로 동일시한다는 점에 있다. 일반자와 특수자의 미학적 변증법은 오직 동질적인 미학적 영역의 내부에서만 전개될 수 있다. 그에 반해서 어둠의 미학에서 힘과 능력 사이의 차이는 그 가운데 어떤 특수한 방식이 아니라, 감각적인 인식과 대립하는 범주적으로 다른 "유"類Gattung로서(헤르더의 정식처럼) 미학적인 것에 대한 하나의 이해에 이른다. 그와 함께 어둠의 미학에서는 "바움가르텐 양식"의 미학 내에서 감각적인 것의 일반 이론과 아름다운 것 및 예술들의 특수 이론을 통합하는 변증법적인 연관 역시 해소된다.

그렇다면 어둠의 미학에선 이런 변증법 대신에 무엇이 등장하는가? 일반자와 특수자의 미학적 변증법에 근거를 두었던 비판——예술들에 대한 반성을 통해 지배적인 철학에 대한 비판——의 자리에 무엇이 등장하는가?

완전성에서 자기확신으로

바움가르텐『미학』에서 전개되는 감각적 인식의 일반 이론과 자유로운 예술 내지 아름다운 사유의 특수 이론 사이의 변증법은 예증성Exemplarizität의 법칙을 통해 통제된다. 아름다운 사유와 자유로운 예술들 내에서는 예증인 내용 속에서 모든 감각적 인식의 근본특징이 실현된다. 감각적인 것의 아름다운 형태 내지 자유로운 형태들은 이중적인 관점에서 "예증적"이다. 그것들은 하나의 사례이고 사례를 제시해 준다. 그것들이 고양된 형식 속에 있는 감각적인 인식인 까닭에, 그것들은 일반적인 인식 속에 있는 감각적인 인식을 보여 준다. 그것들은 "완성된" 감각적인 것이다. ──불완전한 평범한 것과는 구분된다.[1] ──감각적인 것의 평범한 형태들 역시 그것의 일반적인 규정 아래에 놓여 있다. 그러나 완전한 것과의 차이 속에서 그것[평범한 형태들]은 이런 일반적인 규정을 보여 주지 않으며, 그것을 덮어 버린다.

감각적인 것의 완전한 형태 속에서, 자유로운 예술들과 아름다운 사유 속에서, ──고양된──감각적인 것의 어떤 가능성이, 곧 우리에게 감각적인 것 일반의 현실성을 다르게 보여 주는 그런 가능성이 제시된다. 그래서 그것[현실성]은 이런 가능성을 자체 내에 내포하고 있다. 보통의 감각적

---

1) "이제 묘사가 완전하거나 불완전하게 일어날 수 있기 때문에, 후자의 경우는 **일반적인 수사학을 일반적인 감각적 표상 속에서 불완전하게 묘사하는 방식의 학문**으로 가르쳐 준다. 전자는 **일반적인 시학을 일반적인 감각적 표상 속에서 완전하게 묘사하는 방식의 학문**으로 가르쳐 준다. …… 철학자들은 일반성 속에서 그것을 윤곽 짓고 시와 단순한 웅변 사이에 특수하게 정확한 경계를 정의 내리는 데에 전념해야 했다. 그것들은 단지 점차적으로 차이가 나지만, 그럼에도 우리는 여기저기에서 허락된 범위를 확정할 때 프리지아 사람과 미지어(Myser)인들의 경계로서 작지 않은 기하학을 요구한다고 생각한다"(『시』, §CXVII).

인 것의 성취들이 그런 특수하고 아름답고 또는 예술적인 것과 마찬가지로 진실하기 (또는 단지 변화되어야 했기) 때문이 아니라, 우리에게 특수하고 아름답고 또는 예술적인 감각적인 것의 성취들이 평범한 것과의 차이를 통해서 감각적인 것의 근본특징을 일반적으로 지시하기 때문이며, 왜냐하면 그것은 일반적으로 평범한 성취에도 타당하기 때문이다. 이런 특징은 감각적인 포착과 묘사의 내용, 그것의 정의 불가능성에서 유래한다. 감각적인 포착과 묘사의 특수하고, 예술적이거나 아름다운 형식들이 존재한다는 점, 그리고 바로 이런 형식들이 그 "물질적 완전성" 속에서 그 대상을 적합하게 포착하고 묘사한다는 점은 예증적인 방식으로 비정의성(내지 "혼동")과 일반적인 것 속에서 감각적인 것을 형성하는 인식능력(내지 "명석성")의 결합을 보여 준다. 감각적인 것을 아름답게 또는 예술적으로 성취하는 것은 "예증적"exemplarisch이라고 불린다. 왜냐하면 그것은 감각적인 것의 이런 근본규정을 비범하고 고양된 방식으로, 즉 놀라울 정도의 새로움[2]을 밝히고 묘사하는 데 사용하고, 그럼으로써 동시에 감각적인 것의 근본규정으로서 그 평범한 형태를 내보이기 때문이다.

예증성의 틀은 세 층위로 구성되어 있다. 그것은 일반적인 형태 속에서 그리고 그것의 두 가지 비대칭적 형태, 곧 감각적인 것의 보통의 형태와 완성된 형태 속의 감각적인 것을 스케치한다. 바움가르텐에 반대해서 헤르더가 미학적인 것의 유적 차이를 어두운 것으로서 주장함으로써, 그는 예증성의 이런 틀마저도 해체한다. 더구나 감각적 인식능력의 미학으로

---

2) "내가 말했던 유사성의 그 방식은 말을 치장하고 그것을 숭고하고 활짝 피어나고 사랑스럽고 놀랍도록 만든다. 왜냐하면 적합한 이미지를 더 멀리까지 가져오면 올수록, 사상에 전달된 새로움의 영향력은 더 강해지고, 더 경탄스러워지기 때문이다." ──바움가르텐은 그렇게 퀸틸리아누스(Quintilianus, 『웅변가 교육』Institutio Oratoria, 8. 3. 74)를 인용한다(『미학』, §741).

부터 어두운 힘의 미학으로 향하는 발걸음은 한갓 감각적인 것의 예증적인 형태들, 즉 자유로운 예술들과 아름다운 사유를 상이하게 규정하는 것에 있지 않다. 왜냐하면 어두운 힘들의 유희, 그것의 펼쳐짐인 미학적인 것은 더 이상 어떤 일반자의 특수자가 아니기 때문이다. 일반자 속에서 감각적 인식의 근본규정이 완전하게 실현되었기 때문에, 그것이 예증적인 것은 아니다. 차라리 미학적인 것은 미학화의 어떤 과정 속에 있다. 그런 과정 속에서 감각적 인식의 실천적 능력이 변형되고 고양되어, 결국 그것이 유희하기 시작한다. 힘의 미학적 유희 속에서 감각적 인식의 실천은 보통의 방식으로든 완전한 방식으로든 실현되는 것이 아니라, 그것은 결코 실현되지 않는다. 때문에 힘의 미학적 유희 속에서 감각적 인식의 실천이 일반자 속에서 구성되는 방식 역시도 보이지 않는다. 힘의 미학적 유희는 예증하는 것도 아니며 감각적 인식 실천을 위해 예증적이지도 않다. 그것은 감각적 인식 실천에서 나온 어떤 것을 완전히 다르게 만든다.

바움가르텐의 세 층위의 예증성 담론에서 "(일반자 속의) 감각적인 것"이라는 범주는 감각적인 것의 보통의 형태와 예술적 형태를 구분하는 완전성에 있어서 차별적인 등급을 매긴다. 힘의 미학은 이런 [차별적인] 연관을 폭파시킨다. 만일 힘과 능력이 동일한 감각적인 것의 방식들이 아니라 차별적인 종류라면, 힘과 능력에 공통적인 것 역시 어두운 힘의 미학적 현상 속에서는 "예증적"으로 보일 수 없다. 그럼에도 불구하고 어두운 힘의 미학적 현상 속에는 그 어떤 것이 보인다. 왜냐하면 어두운 힘의 미학적 유희는 실천적 능력으로부터 그리고 그 능력에 반대해서 그것의 미학화를 통해서 전개되기 때문에, 우리는 어두운 힘의 미학적 유희를 통해서 우리의 실천적 능력을 다른 새로운 방식으로 경험한다. 힘의 유희의 미학적 경험은 변화된 자기경험의 매체다. 말하자면 고유한 실천적 능력이 변화된 경험 매체다.

힘의 유희의 미학적 경험이 자기경험의 매체라는 점은 버크의 숭고 현상학에 강한 인상을 받은 멘델스존이 이미 말했다. 힘 속에서 능력의 변용,——줄처가 그렇게 말하듯——"운동"emotion 속으로 그것을 전치하는 것은 자기 자신에서, 생생한 운동의 고유 상태에서 쾌의 감정과 결합된다. 그 위에서 멘델스존은 미학적으로 쾌감을 주는 자기경험을 한정한다. 미학적 쾌감은 오직 우리가 활기차게 유희하는 힘들의 어떤 상태 속에 처한 경험에서만 유래한다. 그에 반해 칸트는 『판단력비판』에서 미학적으로 쾌감을 주는 자기경험에 하나의 해석을 내려 준다. 즉 그 해석에 따르면, 그것을 [멘델스존의 견해를] 넘어서 자기 경험이 실천적 능력으로, 즉 힘을 위해 향유되어서 생생해진 그 능력에로 소급해서 관계한다고 한다. 결국 어둠의 미학과 관련해서 칸트 역시 감각적 인식의 포괄적인 영역 속에서 아름다운 성취와 예술적 성취라는 바움가르텐의 질서를 깨트린다. 표상들 가운데 특수하게 "미학적"이라 불리는 성취 방식은 인식적이지도 규정적이지도 않으며, 차라리 "반성적"이다. 칸트는 그것을 더 확대해서 해명하기를, 미학적 반성 속에서 "두 능력들(상상력과 오성)의 생생함으로, 비규정적인 상태로 오며, 그러나 주어진 표상의 계기를 매개로 만장일치의 활동성"(『판단력비판』, §9, B31)에로 온다. 미학적 성취 속에서 우리 힘들은 "어떤 자유로운 유희 속에서" "활기를 띤다"(『판단력비판』, §9, B28). 그렇다면 미학적 쾌감은 그것을 통해 우리가 우리 인식력들의 이런 활기를 의식하는 방식으로서 규정될 수 있다(『판단력비판』, §9, B30). 결국 미학적으로 반성하는 가운데 우리를 "만드는" 미학적 쾌감을 통해서, 우리는 우리 자신에 관해, 자유로운 미학적 유희 속에서 우리 힘들의 활기 있고 고양된 상태에 관해 의식한다. 미학적 쾌감은 "활기찬 마음의 힘들(상상력과 오성)의 상호일치를 통해 둘의 경쾌해진 유희 속에 존립하는 작용의 느낌"이다(『판단력

비판』, §9, B31). 미학적 쾌감은 자기 연관의 매체다. 그럼에도 불구하고 그것은 "의도적인 행위 의식을 통한 지적인 것이 아니라, 한갓 내적인 감각과 느낌을 통해 미학적인" 것이다(『판단력비판』, §9, B30).

왜 우리가 쾌감과 함께 ——왜 불쾌감과는 아닌가?—— 우리 힘들의 활기를 경험하는지에 관한 물음에 대해 멘델스존은 오직 순환적인 답만을, 결국 어떤 답도 줄 수 없었다. 또는 주고자 하지 않았다. 즉 그는 활기가 주는 쾌감을 어떤 다른 것으로부터 설명한다. 우리가 우리 힘들의 활기에서 쾌감을 갖는다는 것은 우리가 이런 활기를 좋은 어떤 것으로 본다는 것을 보여 주며, 우리가 그것을 긍정한다는 것을 보여 준다. 그리고 그것은 우리 영혼이 분명히 움직이고 활기 있게 되는 것을 "동경한다"는 사실을 보여 준다. 힘들의 활기는 즐겁다. 왜냐하면 활기는 우리 힘들의 "본질"을 규정하기 때문이다.[3] 그에 반해서 미학적 쾌감의 원천의 물음에 대한 칸트의 대답은 어떤 현실적인 대답, 곧 하나의 설명을 준다.

그 대답은 우리 힘들의 미학적 생생함에서 쾌감을 느끼는 가운데 (우리에 대해über uns) 경험한다는 것이다. 그 속에서 우리에 대해 경험하는 것은 칸트에 따르면 우리가 실천적 능력을 가진다는 뜻이다. 더 나아가 미학적 생생함의 쾌감에서 한갓 하나의 자기긍정만이 표현되는 것은 아니다.

---

3) **정리 53.** 만일 정신 그 자신과 그것의 행위 능력을 고찰한다면, 그것은 쾌감을 느끼고 그가 환상 속에서 자신과 그의 행위 능력을 더욱 결정적으로 표상하면 할수록 더 많이 쾌감을 느낀다." 왜냐하면

"**정리 54.** 증명. 추구함 내지 권력은 정신 자체의 본질이다……. 정신의 본질(그 자체로 분명하듯이) 오직 정신인 바 그리고 정신이 할 수 있는 바만을 긍정한다. 그러나 그것이 아닌 바와 할 수 없는 바는 긍정하지 않는다."

따라서 또한

"**정리 55.** 만일 정신이 환상 속에서 스스로가 무력하다고 생각한다면, 그럼으로써 정신은 불쾌감을 가진다"(Spinoza, *Ethica: Ethik*, S.336~339).

곧 단순히 우리 힘들 자체의 "본질" 속에 그 근거를 가지는, 결국 아무런 독립적 근거를 가지지 않는 자기긍정만이 표현되는 것은 아니다. 칸트에 따르면, 차라리 우리 힘들의 미학적 생생함의 쾌감 속에서 우리 힘들이 진실로 그리고 실제로 능력이라는 사실이 표현된다. 다시 말해 그것은 실천적 주체의 자기 확신에서 오는 쾌감이다.

미학적 쾌감의 원천에 관한 물음, 그것에 대한 이런 대답을 칸트는 다음과 같이 근거 짓는다. 곧 미학적으로 쾌감을 주는 자기 연관의 대상은 "상상력과 지성의 자유로운 유희 속에 있는 마음상태 (그것이 하나의 인식 일반에 요구되는 것처럼 서로 일치하는 한에서) 이외에는 아무것도 아니다". 왜냐하면 일치하는 이것은 "인식 일반에 온당한 주체 능력"이기 때문이다 (『판단력비판』, §9, B29). 우리의 두 인식력들인 상상력과 지성이 오직 함께 했을 때에만 인식능력을 형성한다. 인식이 존재할 수 있기 위해서 상상력은 직관의 다양성을 지성 개념들이 적용될 수 있는 그런 통일성으로 가지고 와야만 한다. 상상력과 지성은 그 결합이 인식 가능성의 조건인 그런 범주적으로 상이한 작동 형식들을 특성으로 가진다. 그 두 가지 힘들은 결국 결합할 수 있어야만 한다. 그것은 인식의 "주관적 조건"이며, 그 조건이 충족되어 우리 힘들이 자발적으로 서로 어울리면, 그 속에서 우리 힘들이 미학적인 생생함 속에서 "일치"하는 것을 경험한다. 칸트에 따르면, 미학적 쾌감의 근거에는 두 힘들이 서로 동조同調되는 경험이 놓여 있다.

"순수 미학적 판단의 연역"이 칸트 미학의 이런 중심 사상을 요약하고 있는데, 미학적 취미판단은 다음과 같이 정초된다.

단지 판단 일반의 주관적·형식적 조건에 기초할 뿐이다. 모든 판단들의 주관적 조건은 판단하는 능력 자신, 바꿔 말해 판단력이다. 이 판단력은,

어떤 표상에 의해 하나의 대상이 주어지는 그런 표상에 대해 사용될 때, 두 표상력의 부합을 필요로 한다. 곧 (직관 및 직관의 잡다한 합성을 위한) 상상력과 (이 합성의 통일 표상으로서의 개념을 위한) 지성의 부합을 필요로 한다. 그런데 이 경우 판단의 기초에 아무런 객관의 개념도 놓여 있지 않기 때문에, 이 판단은 단지 상상력 자신을(그에 의해 한 대상이 주어지는 표상에서), 지성이 일반적으로 직관으로부터 개념들에 이르는 조건들 아래에 포섭하는 데에서만 성립할 수 있다. 다시 말해, 상상력이 개념 없이 도식화한다는 바로 그 점에 상상력의 자유가 성립하기 때문에, 취미판단은 교호적으로 생기를 넣어 주는 **자유** 속에 있는 상상력과 **합법칙성**과 함께 있는 지성을 한낱 감각하는 데에 의거하며, 그러므로 대상이 자유롭게 유희하는 그 인식능력을 촉진하도록 대상을 (그에 의해 그 대상이 주어지는) 표상의 합목적성에 따라서 판정하게 하는 감정에 의거한다.

(『판단력비판』, §35, B145 이하)

미학적 쾌감은 우리가 인식할 수 있다──우리는 할 수 있는 것을 할 수 있고, 실천적 능력을 가지고 있다──는 그런 경험에서 유래한다. 칸트에 따르면, 힘들의 미학적 생생함은 오직 주체가 실천 연습을 위한 능력을 가지고 있다는 것을 경험하기 위해서만 실천 연습을 중단한다. 비규정적인 미학적 반성에서 인식력들의 상태는 인식 내에서 특정한 사용을 위해 인식력들이 유용하다는 증거다.

이런 논증은 인식력들의 "생생함"에서 그것들의 "일치"로 이행하면서 숨겨진 어떤 결정적인 전제를 만든다. 칸트에게 그 둘은 동일한 것처럼 보인다. 미학적 쾌감은 "생기 있는 마음의 힘들(상상력과 지성)의 상호 일치를 통해서 그 둘의 경쾌한 유희 속에서 작용하는 느낌"이다(『판단력비판』,

§9, B31). 그럼에도 불구하고 인식력들의 생생함이 필연적으로 그것들의 일치를 내포해야만 한다는 것은 칸트에게 한갓된 주장으로 남아 있다. 칸트는 그것에 대한 어떤 논증도 제시하지 않으며, 그것을 위한 그 어떤 논증도 존재하지 않는다. 그와는 반대로 만일 우리가 어둠의 미학을 따른다면(바움가르텐에 대해 비판하는 칸트와 연관해서), 어떤 힘의 생생함은 그 힘이 고양되고 가속화된 "운동", 곧 어떤 규칙도 따르지 않고, 그래서 다른 힘의 운동과 조화롭거나 일치할 수 없는 운동에 기반하고 있을 것이다. 왜냐하면 조화롭거나 일치할 수 있기 위해서 힘들은 어떤 규정을 가져야만 하기 때문이다. 그렇지만 힘들의 미학적 생생함 내지 고양은 모든 그 힘들의 규정을 넘어가는 것에 존립한다.[4]

그것이 보여 주는 바는 칸트의 미학적 쾌감에 대한 해명 속에 어떤 모순이 숨겨져 있다는 점이다. 칸트가 미학적 반성을 표상능력들의 "생생함"으로 기술함으로써, 그는 어둠의 미학과 함께 바움가르텐에 반대하는 방향, 즉 미학적인 것을 명석한 인식의 한 형태로 규정하는 바움가르텐에 반대하는 방향으로 전환한다. 그럼에도 만일 칸트가 미학적 생생함을 인식력들의 "일치" 경험으로 기술한다면, 그는 어두운 힘의 유희인 미학적 "운동" 이론을 재차 취소하고 능력의 논리와 그 능력의 실천 논리에 그 이론을 예속시키는 셈일 것이다. 칸트는 과자를 먹으면서 동시에 보관하고자 한다. 한 측면에서 그는 규정함의 실천과는 다른 것으로 미학적인 것을 규

---

4) 다음 저서들과 비교하라. Jean-François Lyotard, *Die Analytik des Erhabenen(Kant-Lektionen, Kritik der Urteilskraft §§23~29)*, übers. Christine Pries, München: Fink, 1994, S.80 이하. 인식력들의 "생생함"에서 그것의 "일치"로 증명되지 않은 이행은 마찬가지로 "자유"와 "법칙"의 증명되지 않은 결합과 상응한다(『판단력비판』, §35, B145). 다음과 비교하라. Rodolphe Gasché, *The Idea of Form: Rethinking Kant's Aesthetics*, Stanford: Stanford University Press, 2003, p.42 이하.

정한다. 그것을 위해 그는 어둠의 미학과 접속한다. 미학적인 것은 모든 실천적 능력을 뛰어넘는 힘들의 어떤 "생생함"이다. 다른 측면에서 미학적인 것은 능력, 실천, 주체의 논리와 충돌해서는 안 된다. 힘들의 유희를 미학적으로 자유롭게 정립하는 것은 본질상 그 힘들이 실천적 능력이라는 점만을 경험하도록 해야 한다. 미학적인 것은 실천 속에서 어떤 파열도 아닌, 실천의 중단이어야만 한다.

그리하여 칸트의 관점에서 미학적 쾌감경험과 철학적 인식은 상응의 관계 속에 놓여 있다. 미학적 경험과 철학적 인식은 자기반성의 두 가지 방식이다. 칸트에 따르면, 그것들은 매체에서 구분된다. 미학적 반성형식은 느끼는 것이며, 철학적 반성형식은 인식하는 것이다. 칸트에 따르면, 그것들은 내용상으로는 구분되지 않는다. 우리는 미학적 반성 속에서 우리가 인식할 수 있다는 점을 느낌으로 경험한다. 왜냐하면 그 반성의 생생하고 자유로운 유희 속에서 우리 힘들이 그 본질에 있어 능력이고, 그 능력을 통해 규정함의 실천을 실행할 수 있다는 점이 우리에게 제시되어야만 하기 때문이다. 바로 그것이 우리의 실천 능력을 형성하기도 하지만, 철학적 인식의 대상 역시 형성한다. 철학에서 문제가 되는 것은 성공적인 실천의 가능조건들이다. 우리가 미학적 쾌감에서 경험하는 것은 칸트에게 철학적으로 인식하는 것과 동일한 것이다.[5] 철학 속에서 보이는 것이 미학적 쾌감 속에서도 우리에게 보인다. 말하자면 그 속에서 우리가 인식 능력을 가지

---

5) 핵심들이 그렇다. Kern, *Schöne Lust*, S.296 이하 참조. 이와 같이 자기 확실성의 매체로 미학적인 것을 규정하는 것은 폴 드 만이 "미학적 이데올로기"로서 분석했다. 다음과 비교하라. Paul de Man, *Die Ideologie des Ästhetischen*, übers. Jürgen Blasius, Frankfurt am Main: Suhrkamp, 1993, Teil. 1. 이것에 대해서는 다음을 참조하라. Jens Szczepanski, *Subjektivität und Ästhetik: Gegendiskurse zur Metaphysik des Subjekts im ästhetischen Denken bei Schlegel, Nietzsche und de Man*, Bielefeld: Transcript, 2007, Teil. 3.

고 있다는 점(왜냐하면 상상력과 지성은 자발적으로von sich aus 일치하기 때문에), 우리가 주체라는 점이 보인다.

그렇지만 인식력들의 미학적 상태에 대한 칸트의 이중적 기술, 곧 그 힘들의 "생생함"과 그것들의 "일치"라는 이중적 기술이 하나의 딜레마를 표현하는 것이라면, 우리가 과자를 먹으면서 동시에 보관할 수 없다면, 칸트의 논증이 지향하는 미학적 자기경험과 철학적 자기인식의 통일성은 파괴될 것이다. 둘 사이의 싸움이 ── 새롭게 ── 시작할 것이다.

오래된 싸움과 새로운 싸움

"철학과 시문학 사이의 싸움diaphora"에 관해서 플라톤은 『국가』(607b)에서 말하고 있다. 이미 그는 이런 싸움을 "오래된" 싸움이라고 명명하고 있다. 철학과 시문학 사이의 이런 오래된 싸움에서 문제가 되는 것은 앎에 대한 요구이다. 플라톤 이전부터, 그 당대에, 그리고 그 이후 오랫동안 철학과 시문학은 지혜, 곧 선에 대한 앎의 자리를 두고 투쟁했다.[6] 양편 모두 최고의 삶, 선한 삶에 봉사하는 형태의 실천적인 앎만을 다룬다고 주장한다. 그리고 양편은 모두 이런 요구를 그들의 매체로 해결할 수 있다면서, 매번 다른 쪽과 싸운다. 철학은 무엇인가를 안다면서 시와 싸우고, 시는 그가 알고 있는 것이 실천적으로 도움이 된다며 철학과 싸운다. 물론 크세노파네스Xenophanes는 "처음 호메로스에게서 모든 것을 배웠다"고 말한다. 그러

---

6) Eric A. Havelock, *Preface to Plato*, Cambridge, Mass./London: The Belknap Press, 1963, Chap.1, Chap.2; Heinz Schlaffer, *Poesie und Wissen: Die Entstehung des ästhetischen Bewußtseins und der philologischen Erkenntnis*, Frankfurt am Main: Suhrkamp, 1990, Teil. 1.

나 "진실로 처음 신들은 죽을 자들die Sterbliche(인간)에게 모든 것을 드러내지 않았으며, 차라리 점차적으로 죽을 자들은 더 나은 것을 추구하며 발견한다".[7] 시는 아무것도 알지 못한다. 왜냐하면 그것은 찾기만 하지suchen, 결국 탐구하지untersuchen는 않기 때문이다. 여기에 대해 시는 철학적 앎의 추구가 결코 위험하지는 않더라도 웃기는 짓이라고 답한다. 철학은 우리 행위를 인도할 수 있는 어떤 앎도 획득할 수 없다. 철학자는 일종의 희극배우 내지 비극배우다.[8]

이런 오래된 싸움은 이중적인 종말을 발견할 것이다. 만일 두 측이 이렇게 저렇게 이의제기를 하다가 으깨어져서 서로 다르게 이해되기 시작한다면, 만일 철학과 마찬가지로 예술이 더 이상 실천의 성공을 촉진시키고 오직 그것을 보증할 수 있다고 요구하는 것이 아니라 실천을 반성한다면, 결국 만일 철학처럼 예술이 실천의 반성형식으로서 이해된다면 말이다. 그것은 바움가르텐에게서 두드러지게 나타나기 시작한다. 그가 감각적인 것의 완벽한 내용으로서 자유로운 예술들과 아름다운 사상에 대한 규정을 다음의 사실과 결합시킬 때, 즉 감각적인 것 일반이 불충분하고 평범한 내용 속에서도 무엇인지를 보여 준다는 사실과 결합시킬 때 말이다. 동시에 바움가르텐에게 미학적인 것 속에서 감각적인 것의 보여 줌은 그것의 향상, 그것의 완성과 결합되어 있다. 반면 칸트는 평범한 것에 대한 반성적 경험의 매체로서 미학적인 것과 그 아래에 있는 아름다운 예술들을 규정한

---

7) Xenophanes, "Sillen", §11, §18, *Die Fragmente der Vorsokratiker*, Bd. 1, hrsg. Hermann Diels/Walther Kranz, Zürich/Hildesheim: Weidmann, 1992, S.131, S.133.
8) 다음과 비교하라. Hans Blumenberg, "Der Sturz des Protophilosophen: Zur Komik der reinen Theorie, anhand einer Rezeptionsgeschichte der Thales-Anekdote", *Das Komische*, hrsg. Wolfgang Preisendanz/Rainer Warning, München: Fink, 1976, S.11~64.

다. 미학적인 것과 평범한 것의 차이 속에서 평범한 것이 무엇인지가 보이지만, 거기에는 평범한 것을 완성시킨다는 요구는 존재하지 않는다. 칸트적 의미에서 미학적인 것은 실천을 개선하는 모델이 아니라 그것을 반성하는 하나의 매체다.

철학의 우스꽝스러움 내지 위험성에 대한 통찰로부터 지혜에 대한 철학의 요구를 포기하고 반성적으로 변모된 철학에게도 그것은 타당하다. 그렇다면 철학은 더 이상 선에 대한 앎의 유일하거나 최고의 형식으로서가 아니라 선의 형식에 관한 앎으로서 이해된다. 그것은 철학이 선에 대한 물음, 실천의 성공에 대한 물음을 포기한다는 것을 뜻하지 않는다. 철학은 그 물음을 다르게 제기한다. 실천의 성공이 어디에 존립하고 존립해야만 하는지에 대한 물음이 아니라, 실천적 성공이 현실적으로 일어난다면 어떻게 우리가 우리를 이해하도록 만들 수 있는지, 결국 그것이 어떻게 가능한지에 대한 물음이다. 만일 우리가 참된 인식에 도달한다면, 숙고한 근거들을 제시한다면, 올바른 결정들을 내린다면, 좋은 행위들을 행한다면─그럴 수 있다면─어떻게 그것이 이해될 수 있는지를 철학은 묻는다. 철학은 실천적 성공의 가능조건들을 묻고 있고 그것을 위해 우리를 주체로, 실천의 유능한 참여자로 만드는 능력을 탐구한다. 철학적 반성은 주체의 자기반성이 된다. 주체의 인식은 주체의 성공을 가능케 하는 능력으로서 변모된다.

철학과 시 또는 예술이 지혜에 대한 요구를 포기하면 변화되는 실천의 두 가지 반성방식의 관계에 대한 물음에 대해 칸트는 이중적 대답을 제시한다. 즉 매체에 있어서는 차이 나지만, 내용에 있어서는 동일하다고 말이다. 철학적 반성은 실천 개념을 정의 내리는 성공과 능력의 조응을 탐구한다. 그리고 미학적 경험 속에서는 이런 조응의 "주관적 조건"이, 곧 능력으로서 실천적 완수 속에서 협력하는 힘들의 자유로운 일치가 보인다. 이런 이중적 대답은 철학적 반성방식과 미학적 반성방식을 괄호치고 파괴한다. 왜냐하면 칸트는 바움가르텐에 대해 비판적인 어둠의 미학에서 따온 힘들의 미학적 "생생함"에 대한 기술과 그의 미학의 현상학적 근본토대에서 나온 "일치"의 공식을 입증할 수 없기 때문이다. 때문에 미학적인 것의 반성성과 동시에 미학적인 반성형식과 철학적 반성형식의 관계는 칸트가 한 것과는 다르게 파악되어야만 한다. 그렇다면 철학적 반성형식과 미학적 반성형식은 단지 그것들의 매체만이 아니라 그것들이 기획하는 실천의 그림에서도 차이 난다는 점이 보일 것이다. 그것이 동일한 것, 곧 실천의 한 그림이기 때문에, 그것들은 이 차이에 대해서 싸운다.

철학과 미학적인 것 사이에서의 이런 "새로운 싸움"은 일치와 충돌 사이의 싸움이다. 그것은 실천의 핵심부에서 일치가 지배하느냐 또는 충돌이 지배하느냐에 대한 싸움이다. 성공의 가능조건들을 묻고 이런 물음에 능력 개념을 통해 답변하는 철학적 반성은 일치의 사유다. 여기에서 일치란 능력과 성공, 할 수 있음과 선의 일치다. 왜냐하면 어떤 능력의 실행이 실천의 성공적인 실현에서 기인하기 때문이다. 마치 이런 일치가 다르게도 존재할 수 있을 법한 경험적 사실인 듯이, 철학적 반성은 능력과 성공 사이(더 나아가 나의 능력과 너의 능력 사이, 결국 나와 너와 우리의 능력 사이)에 일치가 지배적이라는 점을 "발견"하지는 않는다. 우리가 우리를 주체로서 우리 행위를 실천으로 파악할 때면 언제나 이미 전제하는 어떤 것으로서, 철학은 이런 일치를 제시한다.

그에 반해서 힘들의 유희의 미학적 경험은 우리 속에서 "무조건적인 것과 조건적인 것의 해소될 길 없는 충돌에 관한 느낌"[9]을 일깨운다. 그것은 우선 생기 있는 힘과 미학적 유희 속에서 그 힘의 표현과의 관계에 타당하다. 힘들은 오직 작용을 미치고 하나의 표현을 산출하는 한에서만 존재한다. 힘들의 작용이 "어두운" 것으로서 이해된다면, 그것은 언제나 선행하는 것으로부터 어떤 표현의 산출이다. 하나의 표현을 산출한다는 것은 힘의 미학적 유희 속에서 하나의 표현을 넘어간다는 뜻이다. 따라서 힘들은 그 작용 속에서 언제나 그것들을 산출하는 표현과의 충돌 속에 진입한다. 미학적 힘들은 (슐레겔의 말로) "무조건적"이다. 왜냐하면 그것은 원칙적으로 과잉이기 때문이다. 미학적 유희 속에서 우리는 그것을 그처럼 경험한다. 왜냐하면 우리는 힘의 미학적 유희를 동시에 다음과 같이 경험하기 때문이다. 미학화의 과정을 통해서, 즉 주체의 실천이 생겨난 능력의 퇴행적-반성적인 변형의 과정을 통해서, 충돌의 미학적 "느낌" 역시 그것으로 확장된다는 식으로 말이다. 주체의 실천 속에서 어떤 충돌, 곧 실천의 미학화, 힘들의 유희의 전개 속에서 떨어져 나가고 해방되는 어떤 충돌이 감추어져 있다는 사실을 우리는 미학적으로 경험한다. 미학적인 것 속에서의 실천은 힘과 표현 사이의 충돌을 이미 자체 내에 포함하고 있는 것처럼 보인다.

세 가지 명제로 철학과 미학적인 것 사이의 이런 "새로운" 싸움을 요약할 수 있다.

(1) 철학적 반성은 능력과 성공이 서로 조응하는 실천의 그림을 기획한다. 미학적인 것은 실천 속에서 힘과 표현의 충돌을 밝힌다.

(2) 철학은 성공의 근거로서 능력을 탐구한다. 미학적인 것은 힘들을

---

9) Schlegel, "Kritische Fragmente[aus dem Lyceum]", Nr. 108, *Studienausgabe*, Bd. 1, S.239~250. 여기서는 S.248. 그럼으로써 슐레겔은 (여기에서) 그가 미학적인 것의 모델에 따라 기술하고 있는 소크라테스적 아이러니를 해명하고 있다. 귀결되는 것을 보기 위해서는 이 앞의 3장 70쪽 이하를 보라.

그것의 표현의 심연으로 경험한다.

(3) 철학은 실천의 이성을 전개시킨다. (왜냐하면 이성은 성공하게 하는 능력의 총체이기 때문이다.) 미학적인 것은 힘들의 도취를 해방시킨다. (왜냐하면 도취는 힘들의 자유로운 작용의 상태이기 때문이다.)

* * *

내용적으로 철학과 미학적인 것은 실천의 반성방식으로서 대립해 있다. 그러나 그들 사이의 싸움은 비록 결정 나지는 않더라도 쉽게 회피될 수 있다. 왜냐하면 그것들이 서로 대립해 있는 것은──능력과 성공의 일치와 힘과 표현의 충돌──같은 것, 곧 실천과 연관하고 있으며 오직 각각 철학적 숙고의 태도 내지 미학적 경험의 태도 속에서만 그러하기 때문이다. 미학적 경험이 철학적 숙고 속으로 진입할 때에만, 철학적 숙고가 미학적 경험과 관련을 맺을 때에만, 그들 사이에서 불붙은 싸움은 공공연하게 폭발한다.

그것은 미학 속에서 일어나며, 철학과 시문학 사이의 오래된 싸움과 철학적 반성과 미학적 반성 사이의 새로운 싸움 사이의 두번째 차이를 만들어 낸다. 첫번째 차이는 싸움의 측면들이 어떻게 이해되는지 ──싸움이 발생하는 양편 사이에서 ──에 있다. 두번째 차이는 싸움의 장소가 어떻게 결정되는지 ──그것이 어디에서 일어나는지 ──에 있다. 플라톤이 말한 바 있는 철학과 시문학 사이의 오래된 싸움은 철학의 가장 내밀한 점과 관련된다. 왜냐하면 그 싸움은 철학의 자기이해와 관련되기 때문이다. 그렇지만 그 싸움은 철학을 정의 내려서는 안 된다. 시와의 싸움은 철학이 자기이해를 얻는 데 도움을 주어야 한다. 그러나 시인 추방의 이미지 속에서 표현되는 플라톤의 희망은 종말을 고할 수 있어야 한다. 반면 미학과 함께 미학적인 것에 관한 철학의 연관은 철학 내부에 도달한다. 사람들은 그것을 미학적인 것이 탐구의 하나로 "존중"할 만한 철학의 대상이 된다고 기술했다(바움가르텐의 공식화와 함께 말이다.『미학』, §6). 그러나 철학의 한갓된 대상이 미학적인 것일 리는 없다. 왜냐하면 미학적인 것은 철학과는 반대 방향의 실천의 반성방식 가운데 하나이기 때문이다. 결국 철학이 미학으로서 미학적인 것을 향함으로써, 철학은 철학 고유의 것과 충돌하는 실천의 한 반성방식을 반성한다. 미학적인 것은 철학의 대상이자 동시에 그것의 적대자다. 그래서 철학적 반성방식과 미학적 반성방식 사이의 싸움은 미학을 통해서 철학 안으로 이끌고 들어온다.

　미학은 미학적인 것의 철학이다. 미학적인 것의 철학으로서 미학은 실천의 미학적 반성을 지향하며 실천적 능력이 그 미학화를 통해서 어두운 힘 속으로 전환되는 방식을 완수한다. 그러나 미학은 이것을 철학으로서 행한다. —— 한갓 미학적 경험 속에서 또는 미학적 비판으로서만 행하는 것은 아니다. ——미학은 오직 미학적 사건들만을 제시하지는 않는다. 미학은 미학적 사건에 관한 사유다. 그러나 미학적 사건은 철학이 실천적 성취로 생각하는 것처럼 그렇게 사유될 수 없다. 어두운 힘들로의 실천적 능력들의 변용은 실천적 능력의 연습을 통해서 다시금 일어나지 않는다. 실천의 미학화 과정은 결코 실천이 아니다. 때문에 철학은 여기에서도 성공을 보증해 주는 능력에 대해 물을 수 없다. 철학이 미학이 되고 미학적인 것을 지향함으로써, 더 나아가 철학은 철학적 사유 자체의 형식을 문제시 삼는 어떤 것을 향하게 된다. 미학을 통해 철학의 개념이 변화된다. 이런 변화는 (헤르더와의 연관 속에서, 그리고 니체의 선견지명 속에서) 철학이 미학을 통해서, 결국 미학적 사건을 단지 경험하거나 비판적으로 제시할 뿐만 아니라 사유하려는 시도를 통해서 계보학이 된다는 식으로 표기된다.

　미학화 과정은 어둡고 유희하는 힘들 속에서 실천적 능력을 변환시키는 데에 있다. 동시에 이런 변환 속에서 미학화가 우리에게 보인다. 때문에 미학적인 것 (역시) 하나의 "반성의 방식"이며, 실천적 능력은 우리에게 달리 보이게 된다. 반성의 방식은 어둡게 유희하는 힘들 속으로 이행할 때 실천능력을 보여 준다. 이런 미학적으로 경험된 능력의 힘들로의 이행을 철학적으로 이해할 필요가 있다. 그것은 철학을 계보학으로 만든다. 그것의 중심 테제에 따르면, 실천적 능력은 언제나 이미 어둡게 유희하는 힘들로의 이행 속에 있다. 왜냐하면 그 능력은 여전히 어두운 힘들의 등장 속에 있기 때문이다. 어두운 힘들은 한갓 실천적 능력의 타자, 곧 실천적 능력을 그 속에서 뛰어넘는 타자만이 아니다──또는 어두운 힘들은 오직 그 때문에 그런 타자이다. 왜냐하면 타자로서 어두운 힘들은 동시에 실천적 능력의 시원이며, 그 시원으로부터 그 힘들이 출현하기 때문이다. 오직 어두운 힘들이 있었던 곳에서만, 그 힘들은 실천적 능력이 될 수 있다. 어두운 힘들은 실천적 능력을 가능하게 만든다.

　　미학화의 사유 속에서 계보학으로 변화되는 철학은 능력을 두 가지 가능 관계의 교차점으로 기술한다. 즉 실천적 능력을 통한 성공의 가능성과 어두운 힘들을 통한 실천적 능력 자체의 가능성의 교차점이다. 능력은 실천적 성공의 가능조건이며, 힘들은 실천적 능력의 가능조건이다. 그러나 거기에서 두 가지 관계 속의 "가능성"Ermöglichung과 "조건"은 다른 어떤 것을 말한다. 능력은 실천적인 성공을 보증해 준다. 능력의 실행은 실천의 성공적인 완수이다. 그에 반해서 힘은 그것의 작용 속에서 기계적 법칙과 삶의 목적에 대립하는 유희 공간을 연다. 그 유희 공간은 능력의 연습을 불가능한 동시에 가능하게 만든다.[10] 어두운 힘들의 유희의 본질적인 비규정

---

10) "잠재력"(Virtualität; 질 들뢰즈) 또는 "잠재성"(Potenzialität; 조르조 아감벤)과 같은 표현들을

성은 인간을 생물학적 목적은 물론이고 기계적 법칙으로부터 자유롭게 하며, "낯선 것의 의미"(헤르더)의 각인을 통해서 인간을 능력의 주체로 만들 수 있게 한다. 그러나 동시에 어둡게 유희하는 힘들의 본질적인 비규정성은 인간을 능력의 주체(로서 스스로)와 동일시하는 것을 방해한다. 능력의 타자, 어두운 힘들로부터 실천적 힘들이 출현한다는 것이 능력에 새겨진 채 남아 있다. 결국 능력에는 그의 타자, 그로부터 나왔지만 그에 반대하는 어두운 힘이 새겨진 채 남아 있다. 때문에 어두운 힘으로부터 능력의 기원 속에서 계보학적 통찰——능력을 가능하게 하는 것이 동시에 그것을 불가능하게 만든다는 통찰——은 동시에 능력이 연습되는 방식에 대한 철학적 이해 역시 변화시킨다. 결국 하나의 실천과 그것의 성공이 무엇인지에 대한 철학적 이해를 변화시킨다.

통해서 가능성의 범주를 대체하자는 제안들은 가능성 범주의 이런 복잡성을 지향하고 있다. 여기에서 나는 자크 데리다에 의지해서 공식화하고 있다. Jacques Derrida, "Signatur Ereignis Kontext", *Randgänge der Philosophie*, übers. Donald Watts Tuckwiller, Wien: Passagen, 1988, S.291~314. 특히 S.313. 그와 동일한 데리다적 사유(즉 가능성의 조건인 동시에 불가능성의 조건이 파악되어야만 한다는 사유)에 미학의 "수사학적" 독해 역시 연결된다. 계보학적인 것이 그것을 "해체"하듯이 실천적 성공에 대한 철학적 설명은 실천적 능력을 통해 해체된다. 그것은 미학을——바움가르텐의 『미학』——계보학적인 것과는 다르게 의미 부여한다. 그러나 실천적인 능력을 통해 내몰리고 영향력을 확장하는 시원적 어두운 힘에 대한 반성이 아니라, 숨겨진 "형식의 문체"(캄페)에 대한 반성으로 말이다. 여기서 형식의 문체란 그 "잠복"(하버캄프Haverkamp)을 통해 성공의 효과를 생산한다. 다음을 보라. Rüdiger Campe, "Bella Evidentia. Begriff und Figur von Evidenz in Baumgartens Ästhetik", *Deutsche Zeitschrift für Philosophie*, Bd. XLIX(2001), S.243~255; Campe, "Der Effekt der Form. Baumgartens Ästhetik am Rande der Metaphysik", *Literatur als Philosophie: Philosophie als Literatur*, hrsg. Eva Horn/Bettine Menke/Christoph Menke, München: Fink, 2005, S.17~34; Anselm Haverkamp, *Figura cryptica: Theorie der literarischen Latenz*, Frankfurt am Main: Suhrkamp, 2002, S.23 이하, S.73 이하; Haverkamp, *Metapher: Die Ästhetik in der Rhetorik*, München: Fink, 2007, S.42 이하——그와 함께 설정되는 문제는 이렇다. (미학적) 힘과 (수사학적) 문체는 어떤 관계 속에 있는가? 미학적 계보학의 테제는 문체가 힘의 한 가지 효과(표현-효과)라는 점이다.

하나의 계보학적 철학에서 미학적 사건에 대한 사유는 실천 개념을 변화시킨다. 그로부터 능력이 유래하지만 그것[능력]에 반대하는 힘이 능력에 새겨진 채 남아 있기 때문에, 순수한 의미에서 능력이란 존재하지 않는다. "능력", "실천", "주체"라는 형식의 규정들을 통해서, 그것[성취]의 논리학과 에너지론Energetik이 완전히 포착될 수 있는 어떤 성취도 존재하지 않는다. "능력", "실천", "주체"라는 형식의 규정들을 통해서, 우리가 하나의 성취에 의미를 부여할 때마다, 우리는 "힘", "유희", "인간" 같은 반대 개념들을 사용해야만 한다. "능력", "실천", "주체"과 같은 개념을 사용하면 그와는 반대 방향의 개념들, 곧 "힘", "유희", "인간"이라는 개념들의 사용이 뒤따른다. 우리가 능력이라 부르는 것은 능력이자und 힘 속에서 그렇게 그것을 부를 수 있다는 바로 그 점 때문에 파열된다.

미학적 사건들에 대한 철학적 사유는 실천적 능력에 대한 계보학적 이해로 인도하며, 그와 함께 철학적 탐구의 한 가지 프로그램을 공식화한다. 이 프로그램은 모든 인간 실천의 영역 속에서 능력과 힘 속에서 능력의 자기분열을 탐색하기를 요구하며 인간 실천의 전 영역에 있는 이런 분열이 어떤 특수한 형태를 가정하고 있는지에 대해 묻기를 요구한다.[11]

---

11) 예를 들어 감각 개념의 탐구(Khurana, *Sinn und Gedächtnis : die Zeitlichkeit des Sinns und die Figuren ihrer Reflexion*, 2007)와 의지 개념 탐구(Setton, *Unvermögen-Akrasia-Infantia*, Zürich: Diaphanes, 2012)를 비교해 보시오.

6장 | 윤리 : 자기 창조의 자유

미학적인 것의 "윤리적-정치적인 의미"는 어디에 있는가?[1] "문제 : 우리의 음악을 위한 문화 찾기"[2]를 위한 해법은 어디에 있는가? 하나의 문화가 어떻게 창조되어야만 하는지의 문제에 대한 해법, "우리 음악에", 우리의 미학적 실천과 예술이론에 맞는 해법은 어디에 있는가? 미학적 예술에서 발

---

1) Friedrich Nietzsche, "Nachgelassene Fragmente, September 1870~Januar 1871", *Kritische Studienausgabe*, Bd. 7, S.93~128. 여기서는 5[22], S.97. 저자는 니체 저작을 비판 연구본에 따라 장 및 절 번호를 통해 인용하고 있다. 세미콜론 다음에는 각 권과 쪽수 정보가 잇따른다. 그리고 다음의 약호를 사용하고 있다. "Anfang 1880": (「유고 1880」"Nachgelassene Fragmente, Anfang 1880", *Kritische Studienausgabe*, Bd. 9.『유고(1880년 초~1881년 봄)』, 최성환 옮김, 책세상, 2004.]); *FW*: (『즐거운 학문』*Die Fröhliche Wissenschaft, Kritische Studienausgabe*, Bd. 3.『즐거운 학문·메시나에서의 전원시·유고1880』, 안성찬·홍사현 옮김, 책세상, 2005.]); *GD*: (『우상의 황혼』*Götzen-Dämmerung oder Wie man mit dem Hammer philosophirt, Kritische Studienausgabe*, Bd. 6.『바그너의 경우·우상의 황혼·안티크리스트·이 사람을 보라·디오니소스 송가·니체 대 바그너 (1888~1889)』, 백승영 옮김, 책세상, 2002.]); *GT*: (『비극의 탄생』*Die Geburt der Tragödie aus dem Geiste der Musik, Kritische Studienausgabe*, Bd. 1.『비극의 탄생·반시대적 고찰』, 이진우 옮김, 책세상, 2005.]); *M*: (『아침놀』*Morgenröthe, Kritische Studienausgabe*, Bd. 3.『아침놀』, 박찬국 옮김, 책세상, 2004.])
2) Nietzsche, "Nachgelassene Fragmente, Sommer 1872~Anfang 1873", *Kritische Studienausgabe*, Bd. 7, S.417~520. 여기서는 19[30], S.426.

원하는 하나의 문화, 곧 미학적 문화는 어떻게 창조되어야만 하는가? 니체에게 미학적인 것을 철학적으로 사유한다는 것은 이런 물음, 이런 문제를 제기한다는 뜻이다. 왜냐하면 예술을 미학적으로 촉진시키고 고찰하는 것이 예술의 영역에 한정되지는 않을 것이기 때문이다. 미학적인 것은 오직 예술에만 관계하는 것일 수도 없으며, 그래서도 안 된다. 미학적 실천과 예술 이론은 문화, 곧 개별자의 ("윤리적") 삶의 수행과 ("정치적") 공동존재의 삶의 수행을 변화시킨다.

하이데거가 올바르게 말했듯이, "니체의 예술에 대한 생각은 변한다." 그러나 하이데거는 "[니체의 생각은] 전승의 선로 위에 있다. 이런 선로는 고유하게 '미학'이란 이름을 통해서 규정된다"(『니체』, I, 91)라며 잘못 이해했다. 『비극의 탄생』이 처음 전개시키고, 더 나중의 자기비판에도 불구하고, 거기에서 근본특징들이 확립된 니체의 예술론은, 용어상의 의도된 낯설음에도 불구하고, 결코 그의 고안물이 아니다. 그것은 바움가르텐과 칸트 사이에서 어둠의 미학을 위한 단편적인 단초에 대한 통찰을 재공식화한 것이고 다시 획득한 것이다. 니체 초기 저작의 탁월한 의미는 그것이 처음으로 무엇인가를 말했다는 점에 있는 것이 아니다. 그것은 니체가 칸트와 함께 시작된 이상주의 철학이 자기 확실성 프로그램 내부로 어둠의 미학을 전유하려는 시도에 반대해서, 그것에 대한 근원적인 통찰을 재공식화한다는 점에 있다. 왜냐하면 이런 재공식화 속에서 처음으로 어둠의 미학에 대한 근본적인 통찰이 의미하는 바가 등장하기 때문이다. 니체는 한갓 아름다움과 예술들의 이론으로서만 어둠의 미학을 다시 획득하는 것이 아니라, 어떤 윤리–정치적 의미, 문화적 의미를 가지는 인간에 대한 규정으로서 그것을 다시 획득한다. 때문에 "문제 : 우리 음악을 위한 문화 찾기"는 니체 철학의 마지막은 물론이거니와 처음에도 놓여 있다. 때문에 니체 철학의 마지막은 물론 처음부터 그와 같은 이중적 특징을 보인다. 즉 그는 인식적이고 도덕적인 실천들과 대립하는 미학적인 것의 범주적 차이를 강조하고, 동시에 미학적인 것 속에서 그 실천들을 변화시키는 결정적인 힘을 본다.

예술가로부터 배우기

우리의 실천, 우리의 삶을 변화시키는 예술의 힘은 니체가 『즐거운 학문』에서 "예술에 대한 우리의 마지막 감사"를 설명해 주고 있다. 예술이 없다면, "결코 견뎌 내지 못할 것이다"(『즐거운 학문』, 107; 178 이하).[3] 나중에 두번째 판의 「서문」에서 니체는 그가 여기에서 어떤 예술을 생각하고 있는지를 밝히고 있다. 그것은 "교양 있는 천민들이 사랑하는 모든 낭만적 흥분과 감각의 혼란, 숭고하고 장엄하고 괴팍한 것들에 대한 그들의 갈망"이 아니라 **"다른 종류의** 예술이어야 한다. 곧 조롱조이며, 경쾌하고, 일시적이고, 신처럼 방해를 받지 않고, 신처럼 인위적인 예술, 밝은 불꽃처럼 구름 없는 하늘로 솟아오르는 예술이어야 한다! 무엇보다도 그것은 예술가를 위한 예술, 오직 예술가만을 위한 예술이어야 한다!"(『즐거운 학문』, 「서문」, 4; 30). 윤리–정치적인 의미를 가진 "다른 종류의 예술"은 다르게 행해지고 고찰된 예술이다. 그것은 마치 "예술가를 위해" 존재하는 것 같은 예술이다.

　이렇듯 니체는 낭만주의적 자극성 예술과 선을 긋는 가운데 또다시

---

3) 『즐거운 학문·메시나에서의 전원시·유고1880』, 안성찬·홍사현 옮김, 책세상, 2005. 멘케가 인용한 책 쪽수 표기가 지나치게 복잡하고 니체 전집이 국역판으로 모두 있기 때문에, 6장에서는 가급적 간략하게 국역본 쪽수로 통일해 본문에 기입하겠다. 본문에서 세미콜론(;)을 중심으로 앞의 숫자는 니체 텍스트에 등장하는 번호이고, 뒤의 숫자는 국역본 쪽수다. ― 옮긴이

『비극의 탄생』[4)]으로부터 나온 자율 미학적 입장을 반복한다. "예술가를 위한 예술"은 마치 에우리피데스의 미학적 소크라테스주의 또는 바그너의 문화산업적 총체예술처럼 관중에게 미치는 효과가 계산된 그런 "수사학적" 예술과는 대립하고 있다.[5)] 말하자면 "예술가를 위한" 예술은 그런 관객을 위한 것이 아니라 오로지 예술가 자신의 고유한 법칙을 따르는 예술이다. 니체가 "예술가를 위한 예술, 오직 예술가만을 위한 예술"를 말할 때 그것은 단지 자율 미학 프로그램만을 반복하는 것이 아니라, 그것에다 어떤 본질적인 통찰을 덧붙이고 있다. 이 통찰에 따르면, 미학적 자율 예술은 오로지 예술가라는 인물을 통해서만 윤리-정치적 의미를 획득한다. 좀 더 정확히 말하면, 미학적 자율 예술이 윤리-정치적 의미를 획득할 수 있는 유일한 방식은 예술가로부터의 배움에 있다. "예술가들로부터 배워야만 하는 것"이라는 제목 아래에서 『즐거운 학문』은 우선 예술가들이 행하고 할 수 있는 것이 무엇인지 탐색하기를 요구한다.

> 이 모든 것들을 우리는 예술가들로부터 배워야 하며, 더 나아가 그 외의 것에서는 그들보다 더 현명해져야만 한다. 왜냐하면 예술이 끝나고 삶이 시작하는 곳에서, 그들의 이런 멋진 힘도 대개 끝나기 때문이다. 그러나 우리는 우선 가장 사소하고 가장 일상적인 곳에서 삶의 시인이기를 원한다.(『즐거운 학문』, 299; 276)

---

4) "물론 미학에서 그저 너무나 오랫동안 통용되었던 것처럼 비극적인 것의 효과를 오직 이런 도덕적 원천에서만 이끌어 내고자 했던 사람은, 그럼으로써 예술을 위해 무엇인가를 했다고 믿어서는 안 될 것이다. 예술의 영역에서 예술은 무엇보다 순수성을 요구해야만 한다"(『비극의 탄생』, 24; 174).

5) 다음과 비교하라. 『비극의 탄생』, 12; 96~104. Nietzsche, "Der Fall Wagner: Ein Musikanten-Problem", 5~8, *Kritische Studienausgabe*, Bd. 6, S.9~54. 여기서는 S.21~32.

예술가가 무엇인가를 하고 있고, 더 나아가 할 수 있기 때문에, 예술가는 논의의 중심부로 옮겨진다. 예술가가 활동하듯이 그렇게, 예술가들로부터 배우라는 말은 어떤 다른 물음, 지혜의 물음, 철학적 물음에 답변하기 위해 예술가들로부터 배운 "힘"을 사용함으로써, 단지 "더 현명해지라"는 뜻일 뿐이다. 그것은 선한 삶에 대한 물음이다.

할 수 없음을 할 수 있음

예술가는 무엇을 행하는가? 또는 더 중요하게는 어떻게 행하는가? 예술가들로부터의 배움이라는 프로그램을 처음 펼쳐 낸『즐거운 학문』에서 니체는 예술가들을 "형태, 음향, 단어들의 숭배자"로 규정하고, 우리가 그에게서 배우고 우리 삶 속에 적용해야만 하는 그의 할 수 있음을 "표피, 주름, 피부에 용감하게 머물며, 가상Schein을 숭배하고, 형태, 음향, 단어들, 가상의 올림포스 전체를 믿는 것"이라 규정한다(『즐거운 학문』, 「서문」, 4; 31). 예술가가 할 수 있는 것은 가상을 고수하는 것에 있으며, 어떤 할 수 없음Nichtkönnen에 있다. 그들은 "알지 못함"(『즐거운 학문』, 4; 30)을 할 수 있는데, 앎을 추구하는 가운데에서 가상을 해소시키지 않고서, 그것[알지 못함]을 한갓 가상 속에서 견뎌 낼 수 있다.

　『즐거운 학문』은 예술가의 할 수 있음을 그 점에 한정시킨다. 여기에서 미학은 그 말의 의미에 있어서 현상학Phänomenologie이 된다. 예술은 "가상을 향한 선한 의지"를 구체화시키고 그 예술을 통해 우리는 그것에 도달한다. 곧 반쯤은 아이러니하게『즐거운 학문』이 인용하듯, 『비극의 탄생』에서 나온 유명한 구절, 곧 우리 자신도 "미학적 현상"으로 보는 것에 도달한다. "현존재는 미학적 현상으로서 나타날 때, 우리에게 견딜 만한 것이 되는데, 바로 예술을 통해 우리의 눈과 손 그리고 무엇보다도 선한 양심이 그러한 현상을 우리 자체로부터 만들어 낼 수 있는 것이다."(『즐거운 학문』, 107; 179) 예술가들로부터 배우는 그 할 수 있음은 볼 수 있음이자 스스로를 다르게 볼 수 있음이다. 즉 한갓 가상으로, 미학적 현상으로 말이다. 그것을 배운 사람은 **"사물들을 넘어서는 자유"**를 얻는다. 그 자유는 자기 스스로에 대립해 있는 미학적 관조의 거리에 빚지고 있다. "때로 우리는 우리 자신을 위아래로 바라다보고, 예술적 관점에서 거리를 두고 우리 자신에 **대해** 울고 또 웃음으로써 충분한 휴식을 취해야 한다"(『즐거운 학문』, 107; 179). 그렇다면 스스로를 바라보는 자는 다르게 행위할 수 있다. 그는 "떠돌고 유희"할 수 있다(『즐거운 학문』, 107; 180).

　이런 미학적 현상학, 가상에 대한 이런 가르침이 망각하고 있는 것은 다름 아닌 『비극의 탄생』의 중심 통찰, 즉 미학적 가상이 그것에 모순되는 하나의 근거에서 유래한 것이라는 통찰이다. 미학적 가상은 가상으로서 경험하는 가상, 곧 가상을 위해 '무능해진'[6] 가상이다. 왜냐하면 가상은 산출된 가상으로 경험되기 때문이다. 더구나 『비극의 탄생』의 통찰에 따르면, 미학적 가상은 가상이 아닌, 곧 가상과 충돌하는 무엇인가를 통해 산출된다. 그것은 바로 도취 속에 있는 "모든 상징적 힘들의 전체 해방"이다(『비극의 탄생』, 2; 39). 미학적 가상은 도취의 역설적 효과다. 그것은 도취 속에

---

6) 다음과 비교하라. 『비극의 탄생』 4; 44~49; "Depotenzieren des Scheins zum Schein".—이것에 관해서는 다음을 보라. Karl Heinz Bohrer, "Ästhetik und Historismus: Nietzsches Begriff des 'Scheins'", *Plötzlichkeit. Zum Augenblick des ästhetischen Scheins*, Frankfurt am Main: Suhrkamp, 1981, S.111~138. 다음도 보라. Paul de Man, "Rhetorik der Tropen(Nietzsche)", *Allegorien des Lesens*, übers. Werner Hamacher/Peter Krumme, Frankfurt am Main: Suhrkamp, 1988, S.146~163; Wellbery, "Form und Funktion der Tragödie nach Nietzsche", *Tragödie-Trauerspiel-Spektakel*, hrsg. Bettine Menke/Christoph Menke, Berlin: Theater der Zeit, 2007, S.199~212.

서 산출되지만, 도취로부터의 "구원", 도취에 반대하는 분리를 통해 산출된다(『비극의 탄생』, 4; 45 이하). 그러나 예술이 가상을 통해 도취적으로 해방된 힘을 해소하는 것 같은 산출을 경험하기 때문에, 만일 예술이 단지 "가상을 향한 선한 의지"만이 아니라면, 예술가의 할 수 있음도 한갓 비현실화의 능력, 곧 미학적 현상 속에서 현실적인 것을 변형하는 능력만으로 이해될 수는 없다(『즐거운 학문』이 하는 것처럼). 그래서 니체는 『우상의 황혼』에서 새롭지만 다른 관점, 곧 "예술가의 생리학"의 관점에서 그의 도취 개념으로 돌아온다. "예술이 존재하기 위해서, 어떤 식으로든 미학적 행위와 봄이 있기 위해서, 어떤 생리학적 선행조건이 불가피하다. **도취**가 바로 그것이다"(『우상의 황혼』, 8; 147).

도취 속에서 사물들은 변한다. "이 상태의 인간은 사물을 변용시킨다"(『우상의 황혼』, 9; 148). 도취는 사물들을 "완전하게" 변용시키는 활동방식 가운데 하나다. "이런 변용은 완성 속에서 존재해야만 한다──예술"(『우상의 황혼』, 같은 곳). "시학"으로서 예술가적 제작에 관한 전통적인 이론이 이해하고 있는 바로는, 사물의 완성된 형태는 이미 그 안에 있고 예술가적 행위 속에서 가공된다. 예술가적 행위는 일종의 생산으로서, 목적에 이끌린 산출로서 이해된다. "목적에 이끌린"Zweckgeleitet이란 말은 결과가 활동의 성취 가운데 그 활동성의 근거로서, 곧 목적으로서 활동적인 것을 위해 주어진다는 것을 뜻한다. 그는 그 목적을 실현시키기 위해서 활동한다. 그래서 그는 그가 무엇을 행하고 있는지를 알고 있다. 왜냐하면 그가 행한 것은 그 목적의 실현이자, 그가 그것을 행한 이유의 결과이기 때문이다. 그에 반해 일종의 도취 활동인 예술가적 완성 내에서 행위 주체는 그의 목적을, 곧 알고 있고 알고 싶은 목적을 실현시키지 않는다. 오히려 도취 활동이 실현된다. "이런 상태의 인간은 사물들을 변용시킨다. 사물들이 인간의 힘을 반사할 때까지 말이다. 곧 사물들이 인간 완전성의 반사일 때까지"(『우상의 황혼』, 같은 곳). 더 나아가 "미학적 행위와 바라봄"은 사물들의 어떤 변용, 완성에로 이끈다. 그러나 그것이 야기하는 이런 변화는 예술가적 활동성 속에서 충분히 완수되지 않는다. 다시 말해서 그 변화는 이런 활동성의 목적이 아니다. 예술가적 활동성은 결코 그것이 바탕을 두고 목표로 하는 어떤 목적도 가지지 않는다. 예술가적 활동성은 활동 중인 예술가가 처해 있는 상태의 "반영" 내지 "전달"이다(『우상의 황혼』, 10; 149~150).

이런 자리바꿈은——예술가적 활동성은 어떤 목적 실현이 아니라 행위자의 자기-"전달"이다——예술가적으로 활동하는 주체의 상태에 상응한다. 만일 니체가 그 상태를 "도취"라고 기술한다면, 그는 『비극의 탄생』에서처럼 여기에서도 다시 "디오니소스적"이라 명명하는 "힘의 상승과 충만"의 상태를 생각하고 있다.

> 디오니소스적 상태에서 …… 전체 정서-체계가 자극되고 고양된다. 그래서 모든 표현 수단은 한 번에 방출되고 묘사와 모방, 변형, 변용의 힘은 동시에 모든 종류의 흉내와 연극을 추동한다.(『우상의 황혼』, 10; 149)

만일 우리가 그 [행위] 가운데 그의 능력이 보인다는 방식으로 목적에 이끌린 주체의 행위를 이해한다면, 우리는 행위자가 알고 있는 일반적 형식이 매번 특수하게 실현되는 것으로서 그의 행위를 이해하는 셈일 것이다. (그래서 행위자는 그 실현에 시선을 두고 방향을 잡을 수 있고 교정할 수 있다.) 본질적으로 행위 능력은 의식된다. 그에 반해서 니체는 "힘들"에 관해서 의식 저편(내지 이편)에 있는 영향을 옹호한다. 힘들은 무의식적이다. 바로 그것이 도취 개념이 뜻하는 바다. 도취란 주체의 힘들이 그 의식적 통제에서 벗어날 정도로 고양된 어떤 상태이다. 또는 그 역이다. 도취 속에서 힘들의 해방은 바로 목적 지향적 행위 속에서 자기 의식적 능력의 집적상태를 넘어가는 데 있다. 때문에 도취해서 고양된 힘들의 상태에 있는 인간은 본질적인 무능Unfähigkeit을 통해 정의된다. "반응하지 않는 무능(모든 눈짓마다 역할이 있는 어떤 히스테리와 유사한다)"(『우상의 황혼』, 10; 149)이다. 미학적으로 반응해야만 하고 스스로 표현해야만 하는 힘으로서 행위할 수 있는 무능이다.

　　『우상의 황혼』에서 니체는 도취를 "미학적 행위와 바라봄"을 위한 "생리학적 선행조건"이라 명명한다. 결국 도취는 예술가적 활동성의 전체가 아니며, 예술가는 전체적으로 (그리고 언제나) 도취 속에 있지 않다. 그는 도취에 얽매이지 않은 관계를 가지고 있다. 예술가는 도취와 유희한다. 예술의 세계는 "도취에 의해 완전히 먹혀 버린 존재 속에서가 아니라, 도취와의 유희 속에서 자신을 개시한다. 배우 속에서 우리는 디오니소스적 인간을 재인식한다. 본능적인 시인, 가수, 춤꾼을 유희하는 디오니소스적 인간이라고 재인식한다."[7] 그것은 디오니소스 예술가를 "디오니소스적 야만인"과 구분해 준다(『비극의 탄생』, 2; 37 이하). 그런 야만은 한갓 할 수 있음의 부재不在 상태다. 디오니소스적 야만은 "호랑이와 원숭이로 인간이 퇴행하는 데"에 있다. 반면 디오니소스적 예술가는 그와 구분된다. 그에게는 어떤 "정서상의 놀라운 혼합과 이중성"이 고유하게 있다. 예술가는 자기 의

---

7) Nietzsche, "Die dionysische Weltanschauung", 3, *Kritische Studienausgabe*, Bd. 1, S.551~578. 여기서는 S.562. 그것을 통해서 예술가적 도취와 '데카당스'가 삶으로부터 도주한 도취가 구분된다.: 다음과 비교하라. 『아침놀』, 50; 63~64. 그리고 『즐거운 학문』, 370; 373. ——디오니소스적 야만과 구분하기 위해서는 다음을 보라. Peter Sloterdijk, *Der Denker auf der Bühne: Nietzsches Materialismus*, Frankfurt am Main: Suhrkamp, 1986, S.59~71.

식적 능력이자 도취적으로 해방된 힘이다. 아니 그 이상이다. 예술가는 단지 능력과 힘만이 아니다. 그는 하나에서 다른 하나에로의 이행이며 다시 돌아옴이다. 예술가는 고유한 방식의 능력자다. 그가 할 수 있는 것은 할 수 있다는 것이 아니다. 예술가는 할 수 없음을 할 수 있다.[8]

*   *   *

만일 예술가의 할 수 있음이 할 수 없음의 할 수 있음이라면, 예술가들로부터의 배움의 내용이란 [배운 것을] 잊는 것verlernen이다. 곧 "잘 망각하는 법을 배우는 것"이다(『즐거운 학문』, 「서문」, 4; 30). 그것은 사람들이 할 수 있는 무엇과 할 수 있다는 사실을 망각할 수 있다는 말이다. 『즐거운 학문』이 예술가들로부터 배우기를 요구하는 예술가들의 "멋진 힘"은 『우상의 황혼』에서 나온 "미학적 행위와 바라봄"의 규정에 따르자면, 그들만의 역설적인 할 수 있음에서 나온다. 즉 그것은 힘으로서의 도취적인 해방 속에서 실천적 능력에 미달하거나 실천적 능력을 초과할 수 있는 능력에서 나온다. 예술가는——때문에 미학적 예술의 윤리-정치적 의미에 대한 물음이 예술가에게 향해진다——다른 활동Tätigsein의 모델이다. 즉 목적에 이끌리는 행위와는 다른 모델이다. 그렇지만 그 모델은 다른 활동의 모델이다. 여기에서 예술가들로부터 배우라는 말은 실천 세계의 참여에서 벗어나 미학적 관조 속으로 도주하는 것이 아니다. 예술가 모델에 정향하는 것은 "미

---

8) "노래를 시작할 때, 나는 무엇을 할지 모른다. 왜냐하면 내가 노래**할 수 있다**는 점을 **알지 못하**기 때문이다." 그리고 "아마도 결국 수동성의 능력, 곧 무능 내지 방임의 능력을 가진 그 가수를 가장 진솔하게 규정하는 말은 할 수 없음의 할 수 있음(Können des Nicht-Können)일 것이다"(Alexander García Düttmann, *Kunstende: Drei ästhetische Studien*, Frankfurt am Main, Suhrkamp, 2000, S.25와 S.27).

학적 현상들"을 통해서 실천적인 일들을 대체하는 것이 아니라 실천적인 세계를 미학적으로 변용시키는 것을 뜻한다.

이런 실천 변용의 프로그램은 행동의 다른 성취 방식을 목표로 한다. 그 방식은 행위모델에 대립하며 그와는 다르게 존재한다. "실천의 미학적 변용"이란 활동에 대한 행위 개념의 (그리고 더 나아가 그와 결합된 개념들, 즉 목적, 근거, 의도, 능력, 자기 의식 등등) 권력을 깨트리는 것이다. 예술가의 가르침에 따르면, 인간은 목적에 이끌리는 자기 의식적인 실천적 능력의 행사와는 다른 방식으로 활동할 수 있다. 니체는 행위의 차안 내지 피안에 있는 이런 다른 활동방식을 "삶"이라고 표현한다. 예술가 모델에 따라 활동한다는 것은 행위하는 것이 아니라 "살아가는 것"이다.

더 나아가 실천의 미학적 변용에서 근본적인 특징은 사람들이 예술가 모델에서 어떤 개념적 차이를 적중시키는 법을 배운다는 점에 있다. 즉 활동하고 있는 것의 영역에서 행위와 삶 사이를 구분하는 법을 배운다는 점에 있다. 이렇게 새롭게 획득된 구별 능력의 첫번째 결과는 실천적인 것의 영역을 새롭게 기술한다는 점이다. 행위의 피안에서 활동하고 있다는 점을 예술가에게 배웠던 사람은 실천적인 것이 얼마나 도처에, 즉 위와 아래에서 살아 있는 것 속에 두루 퍼져 있는지를 통찰하고 있다. 상위의 가장자리에서처럼 하위의 가장자리에서도 실천적인 것은 행위 개념과 결별하는 하나의 개념을 요구한다. 이런 미학적으로 새롭게 기술한 결과인 "삶"은 실천적인 것에 대한 철학의 최하위 개념(기술적으로deskriptiv 가장 기초적인)일 뿐 아니라 최상위(규범적으로nomativ 가장 요구되는) 개념이다. "삶"은 운동과 선에 대한 규정이다.

살아 있는 운동

행위 개념을 가리키는 활동성에 관한 사유는 도덕성에 묶여 있는 사유다.[9] 행위에 관해 말한다는 것은 하나의 주체에게 귀속되는 과정, 곧 이런 과정이 주체의 그런 (지향적인) 태도들의 (논리적인) 결과로서 현상한다는 것을 뜻한다. 여기서 그 태도들은 그 과정의 근거를 전체적으로 형성한다. 그럼으로써 행위 개념은 이 과정의 "장본인"으로서 하나의 주체에 관해 말할 수 있게 하며, 행위에 대해 책임지도록 할 수 있다. "가장 오래되고 지속적인 심리학이 여기서 작동한다. …… 심리학에서 보면, 모든 사건은 하나의 행동이고, 모든 행동은 어떤 의지의 결과였으며, 세계는 다수의 행위자들이 되었고, 행위자(어떤 '주체')가 모든 사건 아래에 슬며시 끼어들었다"(『우상의 황혼』, 3; 117).[10] 사건이 미친 영향 속에서 더 이상 단지 사건들만을 한탄하기 위해서가 아니라, 그 사건에 책임 있는 누군가, 행위 "주체"에 대해 그리고 그에 반대해서 고소할 수 있기 위해서 행위 개념이 고안되었다. 누군가 여러 이유로, 결국에는 자유롭게 행위하였기 때문에, 그도 비판받을 수 있다. 즉 그는 그저 행위하는 대신에 이 행위를 선택하고 실행했다고 말이다. 새

---

9) 행위와 행위자의 도덕적 모델에 대한 비판으로서 니체의 도덕성 비판에 관해서는 다음을 보라. Bernard Williams, "Nietzsche's Minimalist Moral Psychology", *Making Sense of Humanity*, Cambridge: Cambridge University Press, 1995, pp.65~76. ──니체에게 "도덕성"은 푸코적인 의미에서 일종의 주체화 방식을 가리킨다. Foucault, *Sexualität und Wahrheit*, Bd. 2, *Der Gebrauch der Lüste*, übers. Ulrich Raulff/Walter Seitter, Frankfurt am Main: Suhrkamp, 1986, S.36~46. 다음과 비교하라. Martin Saar, *Genealogie als Kritik: Geschichte und Theorie des Subjekts nach Nietzsche und Foucault*, Frankfurt am Main: Campus, 2007.

10) 다음에 관해서는 Nietzsche, *Zur Genealogie der Moral*, I. 13, S.278~281. 다음도 보라. 『아침놀』(115~116; 131~134)과 『우상의 황혼』, 「철학에서의 '이성'」(5; 100).

끼 양을 보호하는 대신 맹금猛禽으로서 그것을 먹어 치웠다고 말이다.

　니체는 행위 개념에 대한 비판의 상이한 판본들을 제공했다. 어떤 판본에 따르면, 대안들 사이에서 결정할 수 있는 주체는 없다. 왜냐하면 모든 행동처럼 모든 결정이란 한갓 주체가 존재한다는 것을 표현한 것뿐이기 때문이다. 자유란 존재하지 않는다(왜냐하면 모든 것은 결정되었기 때문이다). 다른 판본에서 니체의 행위 개념 비판에 따르면, 고유한 행위로서 한 과정이 귀속될 수 있는 주체란 없다. 왜냐하면 "내적" 상태와 "외적" 과정 사이에는 어떤 논리적 연관도 없기 때문이다. 지향성이란 없다(왜냐하면 모든 것은 인과적이기 때문이다). 그렇게 파악된다면, 행위 개념에 대한 니체의 비판은 목적에 바탕을 두는 행위와 인과적으로 결정된 사건 일반의 차이에 대한 논쟁으로 이어진다.[11] 반면 더 확장된 판본에서 그의 비판은 냉정함을 목표로 삼고 있다. 왜냐하면 목적론과 인과성이라는 대안은 완벽할 수 없기 때문이다. 이 판본에서 니체는 우리기 어떤 사건에 대립해서 어떤 활동성을 누군가에게 귀속시킨다는 점에 대해, 즉 활동성이 그의 활동성이기에 그 누군가에 귀속한다는 점을 두고는 싸우지 않는다. 그럼에도 불구하고 니체가 싸우는 지점은, 활동성이 주체의 근거들에 따르는 목적 실현에서 나온 것이고 결국 주체의 행위라는 방식으로 이해하기를 이런 귀속성이 요구한다는 점이다. 인간적 활동성은 목적 지향적 행위와 동일시될 수 없다.[12]

---

11) 다음과 비교하라. Robert Pippin, "Lightning and Flash, Agent and Deed(I, 6~17)", Nietzsche, *Zur Genealogie der Moral*, hrsg. Otfried Höffe, Berlin: Akademie, 2004, S.47~64.

12) 다음과 비교하라. Hans Joas, *Die Kreativität des Handelns*, Frankfurt am Main: Suhrkamp, 1992, S.218 이하—니체의 삶 개념에 관해서는 다음을 보라. Dieter Thomä, "Eine Philosophie des Lebens jenseits des Biologismus und diesseits der 'Geschichte

니체는 "탈도덕적 세계 고찰의 시도"라고 표시된 유고 단편에서,[13) 처음으로 활동성과 행위의 차이를 규정하려고 시도한다(그 차이 규정에서 출발하여 그는 조금 나중에 "힘에의 의지" 개념을 전개시킨다). 만일 우리가 이런 시도를 너무 경박하게 만들고자 하지 않는다면, 탈도덕적 세계 고찰은 미학적인 고찰이어야만 할 것이다. 그것은 "예술가의 광학 아래에서" "천재를 존경하는 가운데"[14) 일어나야만 한다(『비극의 탄생』, 2; 12). 경멸적인 비교를 하는 가운데 니체는 사람들이 보고 있는 것을 기술하고 있다.

> 천재는 눈먼 바닷가재처럼 앞으로 나아가는 동안 모든 측면들을 만지고 이따금씩 무엇인가를 붙잡는다. 그러나 그는 붙잡기 위해서 만지는 것이 아니다. 차라리 그의 사지가 활발히 움직여야만 하기 때문에 만지는 것이다.(「유고 1880」, 1[53]; 20)

미학적 천재는 활동의 고유한 방식을 볼 수 있게 해준다. 그 방식의 첫 번째 규정에 따르면, 천재는 "맹목적"이다. 그는 어떤 지각을 통해 인도되지 않는다. 여기에서 지각은 대상들을 "거머쥘" 수 있기 위해, 어떤 대상들이 자기 앞에 있는지에 대한 앎을, 활동하는 자들에게 제공한다. 이런 기술은 두번째, 더 심오한 미학적 행위에 대한 규정이 무엇인지 묻는 것을 전제로 한다. 이 기술이 전제하는 것은 하나의 활동성이 중요하고, 거기에서는

---

der Metaphysik': Bemerkungen zu Nietzsche und Heidegger mit Seitenblicken auf Emerson, Musil und Cavell", *Heidegger-Jahrbuch* 2, S.265~296.

13) Nietzsche, "Nachgelassene Fragmente, Anfang 1880", *Kritische Studienausgabe*, Bd. 9, S.9~33. 여기서는 「유고 1880」, 1[120]; 38.

14) "나는 일찍이 너무 쉽게 **탈도덕적인 세계 고찰을 시도**했다——어떤 미학적인 고찰(천재에 대한 존중)을"(같은 곳).

어떤 것을 거머쥐는 것, 재빨리 붙잡는 것, 도달하는 것이 중요하다. 그렇지만 미학적 활동성은 어떤 무엇으로 말미암아 실행되지 않으며 ──아리스토텔레스적 대안이 말하듯이 ──그 자체를 위하여 실행되지 않는다. 천재는 바닷가재가 움직이듯이 미학적 활동성을 완수한다. "왜냐하면 그의 사지가 활발히 움직여야만 하기 때문이다." 결국 하나의 행위처럼 미학적 행동은 누군가의 행동이다. 그러나 행위와는 대립해서, 한 명의 주체는 미학적 행동 속에서 그의 능력을 통해 목적을 실현시키는 것이 아니라, 행동 속에서 목적으로부터 자유롭게 자기 힘들을 관철시킨다.

그것은 바닷가재와 천재에게만 해당하는 것만이 아니라 인간 행동 일반에도 적용된다. "목적에 따르는 **행위**는 거의 일어나지 않는다. 대부분의 행위는 오직 하나의 힘이 방출되는 **활동성**, 운동일 뿐이다"(「유고 1880」, 1[127]; 40). 이런 만지려는 시도를 하나의 "탈도덕적" 활동에 관한 고찰로 이끄는 개념은 삶이라는 개념이다. "살아 있는 모든 것은 운동한다. 이 활동성은 특정 목적으로 말미암아 거기 있는 것이 아니다. 그것은 바로 삶 자체다"(「유고 1880」, 1[70]; 24). 인간적 활동성이 살아 있는 운동인 한에서, 그것은 목적에 기반한 행위 모델 속에서 등장하지 않는다. 왜냐하면 니체에게 "삶"이란 아리스토텔레스 전통에서처럼 자기 의식이 없는 목적론이 아니라 목적 없는 표현이기 때문이다.[15] 그것은 "목적 없는 **힘의 범람**"이다(「유고 1880」, 1[44]; 18).

또 다른 선

미학적 관점에서 발견된 인간 행동의 생동감Lebendigkeit은 목적에 기반한 행위 모델과 반대된다. 생동하는 것으로서 인간적 행동은 어떤 목적 실현이 아니라 힘의 표현이다. 비록 니체가 이따금씩 그처럼 말하고는 있지만, 생동하는 운동과 목적 기반의 행위가 두 개의 상이한, 인간 활동의 분리된 유형은 아니다. 그 둘은 반대되는 구조임에도 불구하고 바로 그렇기 때문에, 운동의 생동감은 차라리 목적 기반 행위의 성공의 조건이다.

어쨌든 새로움에의 능력, 고안의 능력이 어떤 행위의 성공적 성취의 본질적인 규정이라면, 그것은 타당하다. 게다가 우리가 어떤 고안물을 만들지만 이미 어떤 새로움에 대해 말한다는 사실, 그 새로움을 도입한다는 사실, 그래서 결국 우리가 어떤 것을 변화시킬 수 있기 위해서는 이미 어떤 것이 일어났어야만 한다는 사실을 우리는 주장한다. 오직 어떤 변화 속에 있을 때에만, 우리는 고안물들도 만든다. 바로 그것이 시험 개념, "실험" Versuch 개념을 확정한다. 실험 속에서 포착하는 행동——실험 조건들의 제작——과 전달을 위한 준비가 제 나름대로 굴러가는 사건에 결합해야만 한다. 모든 새로움은 우연적인 것에 대한 개방성을 요구한다.

> 두 단어 또는 한 단어와 한 광경의 **우연적인** 마주침이 어떤 새로운 사상의 원천이다.(「유고 1880」, 1[51]; 19)

여기에서 우연 개념은 그 속에서 활동성이 행위로부터 풀려나고 행위 목적을 위반하는 계기를 표시한다. 이때 이 계기란 누군가 그가 원했던 것보다 더 많이 그리고 다르게 행동하는 계기이고, 그가 할 수 있는 것보다

---

15) "생리학자들은 자기보존 충동을 유기체의 제일 충동으로서 확정하는 것에 대해 숙고해야만 했다. 무엇보다도 살아 있는 것은 힘을 **방출**하고자 한다. 생명 자체는 힘에의 의지다. 자기보존은 단지 그 의지의 간접적이고 아주 빈번한 **결과**일 뿐이다. 짧게 말해, 모든 곳에서처럼 여기에서도 **쓸데없는** 목적론적 원리가 끼어들지 않도록 조심하라"(『선악의 저편』, 13; 31).

더 많이 행동하는 계기이며, 결국 그가 활동하는 가운데 힘들이 "활발히 움직이고" 펼쳐지며, 그 속에서 그의 행동이 "생생하게" 되는 그런 계기다. "**예상치 못한 결과**를 가진 행위는 **다른 목적**을 위해 기획된 것이다. 예컨대 어떤 동물은 자기의 알을 지키다가, 갑자기 그와 동일한 것을 **먹이**로 본다"(「유고 1880」, 1[54]; 20). 고대인의 관점에서 모든 새로움은 갑작스럽게, 우연히 일어난다. 그것은 내가 이미 가지고 있는 목적들을 실현하는, 근거들의 결과로서 일어나는 것이 아니라, 차라리 어떤 미지의 상황 속에서 어떤 미지의 대상 앞에서 나의 힘들이 생동감 넘치기 때문에 일어난다.

그리고 그것은 완전히 다른 목적과 완전히 다른 가능성의 고안물을 다루는 "예상치 못한 결과"에게만 타당한 것은 아니다. 그것은 어떤 행위의 모든 참된 성공에도 적용된다. 또한 내가 오랫동안 이미 할 수 있는 것의 성공에도 적용된다. 목적 기반 행위의 모델은 실천적인 성공을 그렇게 정의 내린다. 즉 실천적인 성공은 원인과 결과로서 목적과 행동의 상응이라고 말이다. 나는 실천적인 능력을 연습하고 그럼으로써 내가 정확히 행동하고자 한 것 내지 행동하는 데 나의 가장 좋은 원인들이라고 말하는 것을 (그 이외는 아무것도 아니다) 행할 때, 내 행위에 성공한다. 그에 반해 미학적 관점에서, 곧 "예술가의 광학 아래" 인간 활동성의 한 고찰에서, 새로움의 계기는 모든 실천적 성공 속에서 등장한다. 또한 일상적이고 가장 평범한 행동 속에서 등장한다. 모든 성공에는 언제나처럼 최소한의 목적한 바를 뛰어넘고, 기지旣知에 앞선 "예상치 못한 결과"가 존재한다. 그래서 사람들은 그것을 다음과 같이 표현할 수 있다. 성공은 한갓 할 수 있음만이 아니라 행운이다.[16) 다시 말해 목적 기반 행위를 생생하게 위반 내지 미달하는 "호의적인"(「유고 1880」, 1[63]; 22) 우연의 진입이다.

행위와 삶의 차이에 대한 통찰로부터 행위 내부에서의 차이, 곧 할 수 있음과 우연 (그것이 없다면, 어떤 행위도 성공할 수 없는) 사이에 있는 자기 내부의 분열이 밝혀진다. 그래서 니체가 미학적으로 획득한 살아 있는 운동 개념으로부터 이끌어 온 행위이론의 결론이 밝혀진다. 이 결론은 행위의 도덕 개념에 반대한다. 그것은 "탈도덕적" 고찰의 결론이다. 도덕적 고찰에서 중요한 것은 책임이며, 책임은 도덕적 이해에 따라 주체가 추구하는 목적 실현으로 하나의 행동을 이해할 수 있다는 점을 전제한다. 판단의 도덕적 연극Spiel은——비난, 손해배상, 벌——목적과 행동의 상응이라는 행위 모델에 의거하고 있다. 그러나 모든 행위가 성공하는 바로 그곳에서 어떤 생동하는 운동이 작용한다면, 그리고 만일 어떤 생동하는 운동이 하나의 자기 내부에서 그 힘들의 표현으로 완수된다면, 그것도 행위의 실행으로서 어떤 주체를 통해서 완수되지 않는다면, 모든 행위 속의 운동의 생생함을 통해서 무책임성의 계기가 등장할 것이다. 그 때문에 도덕은 삶을 "죄가 있다고 선고한다"(『우상의 황혼』, 6; 111). 왜냐하면 행위 속에 있는 생생함의 계기가 선악이란 도덕적 가치대립에서 벗어나기 때문이다.

도덕적으로 볼 때, 이런 벗어남은 근본악이다. 그것은 선과 대립하는 악이 아니라, 선악의 차이에 대립하는 악이다. 그래서 도덕성은 생생함과 마찰을 일으키고, 그것을 통해 "창작의 **방해**"가 된다(「유고 1880」, 1[43]; 17). 그러나 그 때문에 실천적으로 볼 때, 도덕 자체는 나쁘다. "**오로지 도덕적이기만 한 것**, 거기에서 인간성은 황폐해지고 어떤 것도 고안되지 않는다"(「유고 1880」, 1[43]; 17). "도덕적인 인간은 세계를 말라 죽일 것이다"(「유고 1880」, 1[38]; 16).[17] 도덕적 선 내지 악에 반대하는 미학적 세계 고

---

16) 다음과 비교하라. Seel, *Versuch über die Form des Glücks*, Frankfurt am Main: Suhrkamp, 1995, S.87 이하.

찰의 이의제기는──생생함의 의식 속에서 이의제기──더 나아가 다른 선의 이름으로, 즉 선악의 피안에 있는 선, 생생함 속에 놓여 있는 선의 이름으로 나온 결과다. 미학적인 것의 윤리-정치적 의미는 선의 이런 탈도덕적 개념 속에 놓여 있다.

미학적 자기 향유

여기에서 예술가의 모델을 다시 살펴보는 것이 유익할 것이다. 니체는『즐거운 학문』에서 예술가들의 "멋진 힘"을 배우고 우리 삶 속에 그것을 타당하게 하기를 요구한다. 예술가의 이런 힘은 그들 고유의 역설적인 할 수 있음에서 나온다. 즉 할 수 없음을 할 수 있음, 힘으로서 능력이 해방되면서 능력을 초과 내지 미달하는 능력이 그것이다. 힘들의 도취적인 해방으로부터 무엇인가를 만들기 위해서 예술가는 이런 할 수 있음을 모험한다. 그러나 그것[할 수 있음]은 살아 있는 힘들의 상태를 자기 자신 내부에서 규정하지 않는다. "사람들은 활동적이다. 왜냐하면 모든 살아 있는 것은 움직여야만 하기 때문이다. [활동적인 것은] 즐겁기 **위해서가 아니며**, 결국 목적이 **없다**. 그렇지만 거기에 즐거움이 있다"(「유고 1880」, 1[45]; 18). 그것은 힘들 자체의 살아 있는 작용에서의 즐거움이다. 왜냐하면 그것은 고유한 힘들의 살아 있는 작용이고 자기 자신에서 느끼는 즐거움 또는 쾌감이기 때문이다. 자기 자신에서 느끼는 즐거움, 일상에서는 단지 뒤섞여 있을 뿐인 자기 고유의 힘들과 그 힘들의 살아 있는 작용에서 느끼는 이런 즐거움

---

17) "기름칠된 **열쇠 구멍**처럼 그렇게 유용하면서도 불쾌하다"(「유고 1880」, 1[92]; 31)라고 니체는 도덕성의 이미지에 맞는 행위에 관해 말하고 있다.

또는 쾌감은 그 도취적인 고양과 해방 속에서, "미학적 행동과 봄"의 "생리학적 선행조건" 속에서 결정적인 특징이 된다. "예술 속에서 인간은 완전성을 향유한다"(『우상의 황혼』, 9; 148). 보다 확장된 목적에도 좋은 상태, 도취하고 고양된 생생한 힘들의 상태는 이 상태 속에 있는 예술가들에 의해 향유된다. 왜냐하면 모든 향유는 일종의 가치평가이기 때문에, 그럼으로써 그 자체로 좋다고 판정된다. 행위하고 실현하는 목적과는 전혀 다른 선이 흥겨운 자기 관계 속에서 예술가들에게 밝혀진다.

그것은 고양된 형식 속에서 비극적 예술가라는 인물을 보여 준다. 그의 예술이 "삶의 추한 것, 경직된 것, 의문스러운 것을 드러내는" 한에서 비극적이다(『우상의 황혼』, 24; 162). 그런 예술의 윤리-정치적 의미를 파악하기 위해서 우리는 비극적 예술가가 거기에서 자기 자신으로부터 전달하고 있는 것이 무엇인지를 물어야만 한다. 사람들은 "예술가 자신에게 호소해야만 한다". 그런 다음──니체의 정력 은유──"예술가가 …… 할 수 있다"는 점을 경험한다. 그런데 예술가는 무엇을 할 수 있는가? 그는 언제나 자신의 힘들을 활발히 움직일 수 있고, 전개시킬 수 있고, 도취해서 고양시킬 수 있다. 언제나──그것은 우리가 행위할 때 실패하거나 절망하는 곳에서도 그렇다는 뜻이다.

비극적인 예술가는 자신의 무엇을 전달하는가? 그것은 바로 예술가가 보여 주는 두려운 것과 의문스러운 것 앞에서 두려움 **없는** 상태가 아닐까? 이런 상태 자체가 가장 소망할 만한 것이다. 이러한 그를 알고 있는 자는 최고로 그를 존경한다. 그가 한 명의 예술가이고 전달의 천재임을 전제한다면, 그는 그런 상태를 전달하고, 전달**해야만** 한다. 어떤 강력한 적수 앞에서, 어떤 숭고한 불행 앞에서, 어떤 문제 앞에서 느끼는 용기와 자유는 전율을 일으킨다. 비극적 예술가가 선택하고 그가 찬미하는 것은 바로 이런 **승리**에 넘친 상태다. 비극 이전에 우리 영혼 속의 호전好戰성이 사투르누스 축제[12월에 개최되는 고대 로마의 사투르누스Saturnus신의 제사에서 유래한 자유분방한 축제]를 개최한다. 고통에 익숙한 자, 고통을 찾는 자, **영웅적인** 인간은 비극을 통해 그의 현존재를 찬미한다. 비극 작가는 오직 그에게만 이렇듯 가장 달콤한 잔혹의 음료수를 권한다.(『우상의 황혼』, 24; 162~163)

니체의 해명에 따르면, 몰락하는 가운데 영웅적 저항의 파토스처럼 울리는 것은 미학적 자기 향유를 목표로 한다. 비극적인 것의 관점에서 예술가의 "승리"는 그 속에 놓여 있다. 그것은 그가 두려운 것에 직면해서도 여전히 "할 수 있다"는 것(또는 그 무엇)에 있다. 비극적인 예술가는 그의 능력이 희망 없이 거부되는 곳에서도 그의 힘들이 전개될 수 있게 할 수 있다. 그는 실패하는 곳에서도 생기가 넘친다.

그럼으로써 비극적 예술가는 행위하는 가운데 불가능한 어떤 것도 할 수 있다. 그는 비극적 실패를 긍정할 수 있다. 행위 속에서 그것은 불가능하다. 왜냐하면 긍정한다는 것은 어떤 것을 좋다고 말하는 것이고, 그것을 "좋은" 것으로 판정하는 것이기 때문이다. 그러나 비극적 실패는 목적한 선, 실천적 선의 실패다. 따라서 실천적 선의 의미에서 비극적 실패는 좋을 수 없다. 실천적 의미에서 오직 선만이, 오직 실천적 선만이 존재하는 곳에서 비극적 실패는 단지 애도될 뿐이고, 아마 인내될 수는 있으나 결코 긍정될 수는 없다. 그것은 오직 또 다른 선의 빛 속에서만 그렇게 될 수 있으며, 비극적 예술가가 바로 그 일을 할 수 있다. 그는 비극적 실패를 긍정한다. 왜냐하면 그는 그 실패 속에서 자기 고유의 "완전성"을 향유하기 때문이다. 결국 행위의 선이 좌초하는 가운데에서도, 아니 그런 좌초를 통해서 자기는 자기 자신을 돌아보면서 좋다고 판단하는 어떤 상태에 이르기 때문이다.

예술가적 도취와 비극적 예술가 이론을 전개시키는 『우상의 황혼』의 「반시대적 인간의 편력」에서 니체는 괴테에게서 예술가적 자기긍정의 예시적인 형상을 보고 있다. "그는 모든 것에 대해 '그래'Ja라고 말했다"(『우상의 황혼』, 49; 192). 그를 위협하고 좌초시킬 수 있는 모든 것을 포함해서 말이다. 여기[비극적인 상황]에서도 괴테는 '그래'라고 말할 수 있었다. 왜냐하면 행위의 선이 실패하는 가운데에도 그가 스스로를, 곧 힘들의 활기찬 전개라는 그만의 상태를 선으로 향유할 수 있었기 때문이다. 예술가는 모든 것에 '그래'라고 말할 수 있다. 왜냐하면 그는 모든 것에 직면해서 자신을 향해 '그래'라고 말할 수 있기 때문이다. 만일 예술 속에서 인간이 스스로를 "완전성으로서" 향유한다고 니체가 이 점을 표현한다면, 이것은 예술가에게 비극적 실패 자체 내에서 파괴되는 행위의 실천적 선과는 범주적으로 다른 선이 존재한다는 것을 뜻한다. 예술가의 힘은 스스로를 자유롭게 하고, 스스로를 실천적 선의 권력에서 해방시키고, 또 다른 선에 헌신하게 한다. 곧 고양된 힘들의 유희하며 생동하는 작용의 고유한 상태라는 선에 헌신하게 한다.

자기 스스로를 창조하기

사람들은 어떻게 예술가로터 이런 힘을 "배울" 수 있는가? 미학적으로 자기를 향유하는 자기긍정은 어떻게 윤리적 의미를 얻을 수 있는가? 행위의 선으로부터의 자유는 예술가적 도취에서만이 아니라 삶 속에서 일어날 수 있을까? 곧 그것은 어떻게 "가장 경미하고 일상적인 것 속에서 우선" 일어날 수 있을까? 선한 삶이란 무엇인가?

실천적 선을 지향하는 것에서 자유로운 것을 니체 역시 "비도덕주의자"라는 프로그램으로 기술한다.

우리 타자들, 우리 비도덕주의자들은 …… 모든 종류의 이해, 개념적 파악, 시인是認을 위해 넓은 마음을 가지고 있다. 우리는 쉽게 부정하지 않는다. 우리는 **긍정하는 자**라는 점에서 우리의 존경을 찾는다. 우리는 점점 더 성직자와 성직자 안에 있는 **병든** 이성의 성스러운 난센스가 배척하는 모든 것을 여전히 필요로 하고 사용할 줄 아는 경제학에 눈을 떠 간다. 이 경제학은 위선자나 성직자나 덕 있는 자들과 같은 유형들에서도 자신에게 유익한 점을 끄집어 내는 삶의 법칙 안에 깃들어 있는 경제학이다. **어떤** 유익한 점이란 말인가? 우리 자신이, 우리 비도덕주의자들이 여기서의 대답이다……(『우상의 황혼』, 6; 111~112)

선에 대한 물음, 실천적 선의 피안에 있는 완전성에 대한 물음에 대해 비도덕주의자Immoralist는 이렇게 대답한다. "여기에서 우리 자신이 그 답이다." 실천적 선의 피안에 있는 선은 자기의 선 또는 선으로서의 자기다. 괴테는 그런 비도덕주의자였기 때문에, 모든 것에 대해 긍정을 말할 수 있었다. 또한 실천적 선의 관점에서 보면 실패, 위반, 몰락으로 현상하는 것을 허용하고 사용할 수 있었다. 괴테가 한 행동은 실천적인 것에 참여하고 그 선을 쫓는 것에서 그치지 않는다. 차라리 "그는 스스로를 창조했다……"(『우상의 황혼』, 49; 192). 그는 스스로를 창조했다. 그것은 또한 그가 스스로를, 실천적인 선과는 다른 그의 선을 창조했음을 뜻한다.

비도덕주의자의 근본특징, 그가 예술가로부터 배우는 특징은 차이의

급진적 작동 속에 있다. 그는 그의 선, 그 자신의 선을 실천적 선과 구분한다. 그는 실천적이지 않은 선이 존재한다고, 행위하면서 현실화시켜야 하는 목적의 형식에 포섭될 수 없는 선이 존재한다고 주장한다. 이런 차이에 그의 비도덕주의, 도덕성에 대한 그의 반대가 존립한다. 왜냐하면 "도덕성"은 (비도덕주의자가 그것과 대립해 있다는 의미에서) 특정한 가치체계, 어떤 특정한 도덕이 아니기 때문이다. 도덕의 도덕성은, 니체 역시 "풍습의 윤리"라고도 명명한 것은(『아침놀』, 9; 24) 차라리 행위이론과 주체이론의 근본모델이다. 이 모델의 중심부에는 자기의 선과 실천적인 것의 선 사이에 해소할 수 없는 개념적 연관이 존재한다는 테제가 놓여 있다. 실천적인 것은 사회적이고, 선은 도덕적으로 이해할 때 사회적 실천 내부에서 선한 존재다. 그것은 그때마다 실천의 특수한 선이라는 의미에서뿐만 아니라, 사회적인 실천에 올바른 참여라는 일반적 선의 의미에서 그러하다. 도덕적으로 선하다는 것은 "공동체의 구성원, 사회적 파트너 및 협력자 파트너로서"[18] 선하다는 뜻이다. 도덕적인 덕은 (정의, 존중, 배려 등등) 일반적으로 사회적 실천에의 참여 능력이다. 이런 덕을 도야하고 소유하고 적용하는 것은 "인간으로서"(투겐트하트) 선하다는 것이 뜻하는 바를 (그래서 도덕을) 정의해 준다. 그래서 도덕적 선에 대한 이런 내용적 규정은 오직 실천적 목적인 선의 형식적 규정으로부터만 또는 이미 그런 규정으로부터 귀결된 것이다. 왜냐하면 하나의 목적을 선택하고 실현시킨다는 것은, 항상 아무리 멀리 떨어져 있어도, 하나의 사회적 실천에 참여하는 것을 뜻하기 때문이다. 목적 지향과 사회적 실천에의 참여는 동일한 것의 두 측면이다. 그것들은 도덕의 도덕성, 풍습의 윤리를 형성한다.

---

18) Ernst Tugendhat, *Vorlesungen über Ethik*, Frankfurt am Main: Suhrkamp, 1993, S.56.

비도덕주의적 반대 프로그램에 따르면, 자기의 선과 사회적 참여의 선 사이에는 불연속성, 균열이 있다. 실천적 선의 관점이라는 척도로부터 스스로를 자유롭게 하는 것, 그것은 "스스로를 창조하는 것"을 뜻한다. 그것은 사람이 이미 그렇게 온 사회적 참여자에 반대해서 스스로를, 그 자신을 산출하는 것이다. 결국 자기창조Sichschaffen는 자기 뜻대로의 창조 Sicherschaffen는 아니다. 우리는 "'의지'와 '창조'라는 오만한 어법을 바람에 날려 보내야 한다!"(『아침놀』, 552; 412). 바로 "자기 자신의 입법자, 자기 스스로를 창조하는 자"로서 우리는 "세계에서 모든 법칙적인 것과 필연적인 것을 가장 잘 배우는 자이자 그것의 발견자"이어야만 한다(『즐거운 학문』, 335; 307). 만일 우리가 스스로를 창조하는 일에 관여한다면, 우리는 언제나 이미 주체, 사회적 참여자이며, 언제나 이미 주체, 사회적 참여자가 되어 있을 것이다. 스스로를 창조한다는 것은 우리가 기존의 자기를 떠나고 사회적 참여자로서의 자기 자신과 스스로를 구분한다는 뜻이나.[19) 그러나 만일 우리가 단지 사회적 실천의 참여자로서만 목적 지향적이고 그래서 성공적으로 행위할 수 있다면, 결국 (그래서 "풍습의 윤리") 우리가 사회적 실천의 선한 참여자일 때에만 선하게 행위할 수 있다면, 스스로를 창조한다는 것은 우리가 행위 주체, 실천 주체로서의 자신을 넘어가기 위해서 사회적 참여자로서의 자신을 스스로와 구분한다는 뜻이다. 스스로를 창조

---

19) 그것은 스스로를 창조한다는 이념, 곧 삶에게 아름다운 작품의 통일성을 부여한다는 이념을 통해서 니체의 고유한 실험에 반대한다. 그래서 니체는 "천재가 작품이 아니라 작품 스스로를 위해 사용하는 힘의 연극"에 관해 말한다(『아침놀』, 548; 407). 그가 명명하기를, "자신의 성격에 '양식을 준다'는 것은 어떤 위대하고 드문 예술이다"(『즐거운 학문』, 290; 266). 그러나 "통일성"이란 목표를 통해서 삶은 다시 사회적 기준에 구속되고, 결국 그것은 미학적 자유를 상실한다. ——미학적 자유의 정치적 결과들(그것에 관해 니체도 말한다. 이 책 140쪽 이하를 보시오)에 대해 나는 여기에서 더 이상 아무것도 말할 수 없다. 다음을 보라. Juliane Rebentisch, "Demokratie und Theater", *Spieltrieb*, hrsg. Ensslin, S.71~81.

한다는 것은 행위 능력을 잊어버리는 것을 뜻한다. 왜냐하면 우리는——오직——그 속에서만 또 다른 선, 곧 자기 향유 속에서 밝혀지는 살아 있는 힘들의 선을 얻을 수 있기 때문이다.

그것은 비도덕주의자가 예술가로부터 배웠던 것을 형성한다. 비도덕적으로 자기 스스로를 창조하는 자는 예술가들로부터 자기 자신을 창조하는 것이 스스로를 자기 자신과 구분한다는 것임을 배운다. 그것은 사회적 실천의 참여자인 자신과 구분하는 것이며, 사회적 실천의 선과 분리하는 것이며, 고유한 행위 능력을 무력화시키는 것이자, 고유한 비-사회적 a-sozial 선에 정향하는 것이다. 그리고 비도덕적으로 자기 스스로를 창조하는 자는 예술가들로부터 고유한 비-사회적 선이 어떤 행위목적에 있는 것이 아니라 행위의 목적론적 질서 이편에 있는 생동성의 상태 속에 있다는 점을 배운다. 예술가들로부터 사회적 실천의 선을 자기와 분리하는 힘을 배우고 그 속에서 자기 자신을 창조한다는 것은 더 나아가 행위와 삶의 구분법을 배우는 것 이외에 다른 것이 아니다. 그것은 삶의 선이 행위의 선과 같은 것이 아니라는 것을 배운다는 뜻이다. 선한 삶은 선한 행위로부터 구성되지 않는다. 삶이 생동적인 한에서 삶은 선하다.

*　*　*

이 자리에서 예술가들이 주는 마지막 교훈이 중요하다. 지금까지 이 교훈은 이렇게 말한다. '예술가들에게 실천적으로 행사된 능력과 유희적으로 작용하는 힘의 구분법을 배워라. 그러나 동시에 그들보다 더——현명——해라. 그래서 이 차이를 삶 속에서 타당하게 만들어라. 이때 차이란 성취들의 두 층위 간의 차이다. 즉 행위와 운동의 차이, 사회적 목적으로서의 선과 생동적인 상태로서의 선이라는 두 개념들 사이의 차이, 사회적 참여자로서의 주체와 스스로를 향유하며 창조하는 자기 사이의 차이다.' 예술가들로부터 배운다는 것은 이런 분열이 불가피하다는 것을 배우는 것이다. 그것은 선의 내용에 있어서의 차이일 뿐만 아니라 형식에 있어서의 차이다. 그래서 그것은 결코 통일성으로 지양될 수 없는 선 내부의 분열이다.

하지만 예술가들은 구분할 뿐만 아니라 차이 나는 것을 결합시키기도 한다. 그들은 차이 나는 것을 차이 나는 것으로서 결속시킨다. 그 점에서 예술가들은 실천적인 주체와 갈라진다(예술가들은 할 수 없음을 할 수 있다). 그것은 마치 디오니소스적 야만인과 갈라지는 것과 같다. 예술가들은 할 수 없음을 할 수 있다. 디오니소스적 야만인들에게는 고되게 획득되는 실천적 능력, 때문에 짐으로 느껴지고 불확실하게 행해지는 실천적 능력의 자리에 도취적인 힘의 해방이 들어선다. 그에 반해서 예술가들에게는 도취적이고 해방된 힘들 속에서 그들의 능력 자체가 변용된다.[20] 그것은 그들에게 최고로 전개된 "상징적 힘들"이며, 그런 힘들은 예술가의 도취 속에서 해방된다. 때문에 예술가 내부에서 힘들의 도취적 해방은 다시 그 능력의 실천적 행사에 유용하다. "**우연**을 사용하고 **인식하는 것**이 바로 천재다"(「유고 1880」, 1[91]; 31). 물론 예술가 역시 그들 힘의 생생한 작용을 행위의 행운 때문에 성취할 수 있는 것은 아니다. 왜냐하면 행운이란 결코 성취될 수 없는 것이기 때문이다. 예술가들은 할 수 없음을 할 수 있다. 그러나 예술가들이 도취적이고 해방적인 생생하게 유희하는 힘들 속에서 변용

---

20) 그것에 관해서는 미학화의 과정에 관한 이 책 4장을 보라. 견뎌 낸다는 것은 예술가적 창조 속에서 힘과 능력의 분열을 지양시키는 것이 아니다. 그것은 "위대한 양식"을 창조하는 것이다.(『우상의 황혼』, 11; 151) 다음과 비교하라. Karl Heinz Bohrer, "Die Stile des Dionysos", *Großer Stil: Form und Formlosigkeit in der Moderne*, München: Hanser, 2007, S.216~235.

시키는 것이 바로 그들의 실천적 능력 자체이기 때문에, 그들의 미학적 도취 또한 다시 그들의 실천과 행위에 영향을 미친다. 바로 (그리고 오직) 능력의 실천적 행사를 생생한 힘들의 유희 속에서 미학적으로 내맡기는 것만이 추구된 선에 도달하도록 한다는 점을 예술가들은 경험한다.

예술가들로부터 배운다는 것, 이것의 마지막 교훈에 따르면, 능력과 힘들, 행위와 유희, 그래서 행위의 선(사회적 목적으로서)과 유희의 선(생생한 자기로서)조차 범주적으로 차이 난다는 점만을 배우는 것은 아니다. 행위의 선과 유희의 선이 서로 분열되어 있지만 동시에 서로를 필요로 한다는 점도 또한 배운다. 왜냐하면 한편으로 힘들의 생생한 유희의 선은 단 하나의 주체가 실천적인 능력을 행할 수 있는 자기 향유의 관계 속에서만 존재하기 때문이다. 다시 말해서 니체가 도취를 "유희"한다고 말한 사람, 얼마간의 거리로부터 그의 힘들의 도취를 경험하는 자에게만 이런 상태가 선한 것이기 때문이다. 다른 한편으로 능력을 실천적으로 행사하는 선은 오직 시도와 실험 속에서만 존재한다. 우연에, 생생한 힘들의 유희에 자신을 내맡기는 자만이 행위 속에서 진실로 성공할 수 있다. 결국 두 가지 선의 형식을 가지고 있는 사람에게만 둘 가운데 하나가 있을 수 있다. 선의 두 가지 형식 가운데 하나만 있으면, 좋지 않다. 둘 가운데 하나는 선의 또 다른 형식을 전제하며, 다른 형식의 활동성, 곧 행위 내지 유희 속에서 서로 대립해 있는 그런 활동성을 전제한다. 예술가의 관점에서 우리는 선의 차이뿐만 아니라 (선의) 차이의 선을 배운다.

*　*　*

선의 차이를 산출하는 선은 자유다. 행위와 유희, 능력과 힘 속에서 차이가 자유롭게 해방된다. 니체에게 괴테는 실천적 선악의 저편에서 '그래' 라고 말할 수 있는 자의 화신이다. 때문에 니체는 그를 "자유로워진 정신"(『우상의 황혼』, 49; 192)이라 부른다. 니체가 괴테에 관해 출간한 책의 마지막에서 묘사한 것처럼, 괴테는 니체가 첫번째로 꼽았던 문제, 곧 "문제: 우리 음악을 위한 문화 찾기"의 해법이다. 니체는 이미 『비극의 탄생』에 대한 노트의, 『우상의 황혼』이 적절한 텍스트를 전달하게 될 제목 아래에서, "음악적 드라마의 윤리-정치적 의미에 대한 고찰"을 다룬다. "비극과 자유정신."[21] 비극의 윤리-정치적 의미와 미학적인 것 일반의 윤리-정치적 의미는 괴테의 경우처럼 인간을 자유롭게 할 수 있다는 데에 있다. 실천적인 의미에서 자유는 선에 대한 자신의 판단에 따라 의욕하고 행위하는 데 있다. 말하자면, 실천적인 자유는 선에 대한 통찰을 실현하는 것이다. 그렇지만 근거들과 목적들을 통한 자기지도Selbstführung라는 이념은 제한될 수 있으며, 그 이념에 구멍이 날 수 있다(인간을 주체성에, 사회적 참여에 속박하므로, 그 이념에는 한계가 있고 구멍 날 수밖에 없다). 마찬가지로 예술가들이 주는 가르침, 미학적인 것의 윤리-정치적 의미를 결정하는 가르침이란 그것 때문에 자유롭지 않게 되지는 않는다는 점이다. 미학적 경험에 따르면, 낯설고 강한 힘에 복종하지 않는 실천적 자유, 그런 실천적 자유로부터의 자유가 존재한다. 그런 자유는 고유한 힘들을 또 다른 방식으로 펼쳐 내는 해방이기 때문이다. 미학의 마지막 말은 인간적인 자유다.

---

21) "'비극과 자유정신' 음악적 드라마의 윤리-정치적 의미에 대한 고찰들"—『비극의 탄생』의 시대로부터 나온 니체의 제목 기획은 그렇게 말하고 있다(September 1870~Januar 1817, 5[22]; 7, 97).

부록

/

저자와의 인터뷰

『한겨레신문』(2009년 5월 30일 19면)에 실렸던 옮긴이와 저자가 함께한 인터뷰이다. 이 책의 이해를 돕는 것은 물론이거니와 멘케의 미학적 관심사에 대한 전체적인 이해를 돕고자, 이번 기회에 무삭제 인터뷰 내용을 첨부한다.

●●● 통상 당신은 아도르노 미학의 탁월한 후계자라는 평가를 받고 있습니다. 아도르노 철학의 계승자로서 당신은 비판이론이 가지는 가장 큰 장점이 무엇이라고 생각하십니까? 당신과 프랑크푸르트학파 사이에 어떤 지적인 관계가 있는지 듣고 싶습니다.

멘케 프랑크푸르트학파, 특히 아도르노, 호르크하이머 그리고 벤야민과 같은 소위 제1세대가 내게 처음으로 철학적인 영향을 주었습니다. 이미 나는 김나지움에서 아도르노에게서 공부했던 한 철학교사를 만났고, 그와 더불어 이 저자들의 저작을 읽었습니다. 당연히 그 텍스트들은 내게 강렬한 인상을 주었습니다. 그 속에서 나는 내 자신이 혼돈스럽게 느꼈던 것에 대해 어떤 통찰을 얻었다고 믿었기 때문입니다. 근본적으로 이런 영향은 지금까지도 내게 가장 강력한 것으로 남아 있습니다. 이런 전통에 비판적 거리를 두었던 시절도 분명 있었습니다. 무엇보다도 내게는 자주 너무나 불명료하게 보였던 아도르노의 글쓰기 방식에 대해 거리를 두었습니다. 그래서 나는 분석철학으로부터 무엇인가를 배우려고 했던 적도 있습니다. 그렇지만 언제나 다시금 나는 나의 근본적인 철학적 동기가 이 전통에 빚지고 있다는 점을 깨닫습니다.

그것은 무엇보다도 모든 합리주의와 철학적 낙관주의에 반대하는 회의입니다. 그 회의는 프랑크푸르트학파 사람들과 니체가 공유하고 있는 회의입니다. 이와 함께 나는 서양철학을 결정하는 소크라테스적 동일화에 대한 비판을 생각하고 있습니다. 말하자면 덕과 앎의 동일화가 그것이죠. 그것은 주체가 자신의 이성적 능력을 통해 정의된다는 믿음, 주체의 이성이 보증할 수 있다는 믿음, 우리의 활동들이 성공하고 그것이 좋다는 믿음에 대한 비판을 말입니다. 내가 전유한 아도르노의 반대 테제에 따르면, 주체는 그 자신 이상일 때에만, 이성적인 주체 그 이상일 때에만 선에 도달할 수 있습니다. 그런데 그의 자연[본성]을 통해서 그 자신 이하일 때에만, 그 자신 이상이고 이성적 주체 이상일 수 있습니다. 프랑크푸르트학파의 중심 이념은 바로 여기에 있습니다. 주체의 이성만이 아니라, 주체 내부의 자연과 이성 사이의 해소 불가능한 변증법이 우리를 인간으로 만든다는 점이 그것입니다. 주체 내부에서 자연과 이성 사이의 이런 긴장은 어떤 결손이 아니라 우리를 가능케 하고 우리 너머에까지 미쳐 있는 것, 곧 선의 근거와 같은 것입니다.

●●● 헤겔의 "예술의 종언" 테제 이후 '미래의 예술'에 대해 당신은 어떻게 생각하십

니까? "미학의 세기"라고 불리는 우리 시대에 철학적 미학자의 역할과 과제는 무엇이라고 생각하십니까?

멘케 "예술의 종언"이라는 헤겔의 테제는 예술의 전통적인 과제와 연관이 있습니다. 이런 전통적인 규정에 따르면, 예술이란 진리를 제시하는 것이지요. 근대(1800년 이래로)에 그 과제가 끝났다는 점에서 헤겔은 옳습니다. 그러나 그것은 예술이 끝났다는 것을 의미하지는 않습니다. 다시 말해 오늘날 예술의 과제는 진리를 묘사하는 것Darstellen이 아닙니다. 오히려 예술은 다르게 묘사하고 경험하는 방식의 장소입니다. 곧 예술은 묘사와 경험의 또 다른 성취입니다. 그것은 내용의 (재)인식으로 정향되지 않고, 감각적이고 상상적인 잠재태의 유희적 전개를 통해서 결정됩니다. 그것을 니체와 벤야민은 "도취"라 불렀고, 아도르노는 "미메시스"라 불렀습니다. 그래서 사람들은 다음과 같이 말할 수도 있습니다. 즉 어떤 자기변용이 심미적 성취에 속한다고 말입니다. 우리는 미학적인 것 속에서 임시적으로 주체성의 또 다른 방식을 얻습니다.

어떠한 비판적 힘이 오늘날 미학적인 것에 대한 그런 이념을 가질 수 있는지를 묻는 당신의 질문은 내게 매우 정당하게 보입니다. 사람들이 현재를 "미학적인 시대"라고 부른다면, 그와 함께 사람들은 그 미학적 상태가 예술로부터 떨어져 나와 사회 도처에서 발견될 수 있다는 것을 생각합니다. 그러나 이런 사회의 미학화가 실러에서 마르쿠제까지의 전통이 희망했던 혁명으로 곧바로 인도하지 않았습니다. 차라리 미학적인 것은 자본주의 사회에서 일종의 생산력이 되어 버렸습니다. 말하자면 그것은 소비의 본질적인 매체인 셈입니다. 그러나 예술의 과제, 비판이론의 과제는 또한 이것을 정확히 분석하는 것이어야 합니다. 예술은 사회의 미학화에 반대하는 부정적이고 비판적인 힘으로 미학적인 것을 수호해야만 합니다.

●●● 당신의 저작 가운데 『비극의 현재』는 선배 철학자들의 영향에서 많이 벗어난 작품이라고 생각됩니다. 독서의 와중에서 떠올랐던 질문입니다. 당신은 서구문화의 근본토대로서 비극을 설정하는 것인지(서구적 주체, 개체성과 비극이 긴밀히 연결되어 있기 때문에), 아니면 인간 행위의 보편적·근원적 구조로서 그것을 말하는 것인지 묻고 싶습니다.

멘케 분명히 그 둘은 일치합니다. 비극은 인간 행위의 보편적인 사태와 연관되어 있습니다. 그것은 실수의 가능성입니다. 우리의 행위가 모든 노력에도 불구하고 좌초하고 실패할 수 있는 가능성입니다. 비극은 그것을 그렇게 표현합니다. 우리는 무구하게 죄를 지을 수 있습니다. 물론 그것은 아직 비극적인 것의 본래적인 구조는 아닙니다. 우리가 이런 인간적인 근본 조건을 벗어나고자 할 때, 비로소 비극은 발생합니다. 그리고 그 속에서 나는 서양 문화의 기초적인 동인動因을 보고 있습니다. 서양 문화는 학문, 법 등을 준비함으로써 실패의 가능성을 배제하려고 합니다. 그것은 방법적인 앞서감을 통해서 우리의 의도가 실재로 성공한다는 것을 보증하고자 합니다. 비극 형식은 성공을 확실하게 하려는 (우리의 삶을 통제하려는) 이런 의도에 대한 비판적 반성으로서 발생한 것입니다. 때문에 실수를 배제하려는 시도가 처음 체계적으로 기획되었던 그리스에서 비극이 발생한 것입니다. 비극이 보여 주는 바에 따르면, 우리는 이런 시도를 기획하지 않을 수 없지만, 동시에 이런 기획은 처참하게 좌초된다는 것입니다. 따라서 비극은 서구 문화의 ──계몽의 ──내적인 자기 모순을 전개시키고 있습니다.

●●● 당신은 현재 포츠담 대학의 인권중앙회 공동 대표로 일하고 있으며, 최근 인권 문제로 신문 인터뷰도 하고 책도 냈습니다. 한 인터뷰에서 인권운동이 과거와는 달리 탈정치화되고 있는 위험을 지적하면서, 그것이 혁명적 역동성을 상실하고 있다고 한 당신의 통찰은 매우 인상적이었습니다. 그렇다면 혁명적 역동성을 회복할 수 있는 방법에는 무엇이 있을까요? 그리고 인권 개념 역시 비극처럼 서구의 산물이지 않습니까? 만일 타자의 인권을 위한다고 행한 행위가 실제로 더 나쁜 결과를 초래한다면, 그것은 당신 책의 제목처럼 "비극의 현재"가 될 수 있지 않을까요?

멘케 나는 인권이 서구의 산물이냐는 질문으로 시작하고 싶습니다. 그것은 역사적으로 당연히 서구의 산물입니다. 인권은 우선 18세기에 프랑스, 미국, 영국과 독일에서 사유되었고 요청되었습니다. 그러나 무엇보다 중요한 것은 인권이 한갓 서구의 산물이기를 중단한다는 점입니다. 그런 것에 불과하다면, 인권은 자체로 모순됩니다. 왜냐하면 인권의 근본 이념은 모든 인간이 평등하다는 이념이기 때문입니다. 만일 인권이 이런 이념을, 즉 평등에 대한 서구적 이해를 다른 모든 사람들에게 강요하고자 하는 이념을 공식화한다면, 그것은 평등에 곧바로 위배됩니다.

　　그렇지만 그것을 비극으로 간주하는 것에는 주저하게 되는군요. 왜냐하면 여기서는 어떤 출구도 없기 때문입니다. 여기에 간단한 해법이 존재하지 않는다는 것은 맞지만, 그러나 우리는 무엇인가를 할 수 있습니다. 그 첫 걸음은 유일한 인권이 존재한다는 이념을 포기하는 것입니다. 존재하는 것은 모든 인간의 평등 이념입니다. 이 요구에서 벗어나서는 안 됩니다. 이런 요구 위에서 우리는 모든 사람을 위해야 하고 모든 적대자에 반대해야만 합니다. 그 속에 인권 이념의 혁명적인 힘도 놓여 있습니다. 이런 힘은 마르크스가 말했듯이, "인간을 깔보고 저버리고 경멸하고 예속시키는 모든 관계들을 전복시킬 것"을 요구합니다. 그러나 이 이념이 뜻하는 바는 그것이 논증되고 이해되고 있듯이 오직 매우 상이한 방식 위에서만 공식화될 수 있습니다. 따라서 현실적으로 하나의 "일반적인" 인권 설명이 존재할 수 있다는 이념은 내가 보기에 난파된 것으로 선고받았습니다. 여기에서 사람들은 실제로 "비극"에 관해 말할 수 있을 것입니다. 왜냐하면 인권은 결코 일반적인 방식이 아니라 언제나 많은 특수한 방식에서 이해되고 설명되기 때문입니다. 그러나 그 다수성은 결코 평등 이념의 좌초가 아닙니다. 그와는 정반대입니다. 이런 다수성을 전개시키는 것이 평등 이념이 요구하는 바입니다.

옮긴이의 글 | 힘의 미학, 비극의 미학

현대 미학은 크게 영미 미학과 유럽 미학으로 양분된다. 전자는 과학적 성과에 힘입어 감정, 심미적 안목 등을 뇌 과학 또는 인지과학 등과 접목시키려 하고 있다. 반면 후자는 전통 미학을 확대 발전시킨 보수적인 입장과 프랑스 해체주의, 후기 마르크시즘으로 대변되는 진보적인 입장으로 갈린다. 90년대 이래로 국내외에서 벤야민 미학이 많은 주목을 받아왔다. 그리고 가장 최근에 각광받고 있는 미학자를 꼽으라면, 벤야민과 하이데거 철학을 절묘하게 융합시킨 아감벤을 들 수 있다.

과거 벤야민과 아도르노는 친구이자 경쟁자였다. 아감벤 뒤에 벤야민이 있다면, 멘케의 배후에는 아도르노가 있다(멘케는 아도르노 미학을 계승한 손자뻘 되는 학자다). 아감벤만큼이나 우리가 주목해야 할 인물로 멘케를 거론하는 까닭이 여기에 있다. 그 두 사람은 자신의 스승을 닮았다. 벤야민이 제도권 안팎에서 자유롭게 유랑하는 글쓰기를 구사했던 반면, 아도르노는 제도권 내에서 정치하고 힘 있는 글을 구사했다. 그와 유사하게 아감벤은 다양한 영역의 소소한 주제들에서 깊이 있는 철학적인 문제들을 끄집어 낸다. 반면 멘케는 철학의 울타리 내부에서 주요 미학적 문제들과

정면으로 대결하면서, 그것을 새롭게 해석한다.

사람들은 칸트와 헤겔, 니체와 마르크스, 하이데거와 아도르노로 이어지는 독일 철학은 지금 어디에 있느냐고 묻곤 한다. 이 질문에 즉각 답하기는 어렵다. 가다머와 하버마스를 거명해 보아도 이런 물음은 해소되지 않는다. 물론 이 물음에 문제가 없는 것은 아니다. 철학이 철저하게 보편적인 진리를 추구하는 것이라면, 철학은 처음부터 '무소속'일 수밖에 없다. 즉 "프랑스" 철학, "독일" 철학이라는 용례처럼, 특정 국가와 민족 같은 것이 철학을 수식할 수는 없다. 하지만 분명 지상의 어떤 철학도 현실 정치에 연루되지 않은 것은 없다. 특수한 문화 풍토에 뿌리내리지 않은 철학은 존재하지 않는다.

2차 세계대전 이후, 철학의 중심지는 승전국인 미국과 영국 그리고 프랑스로 옮겨졌고, 독일은 옛 철학의 박물관이 되었다. 프랑스가 레비나스, 푸코, 데리다, 들뢰즈에 이어서 바디우와 랑시에르와 같은 걸출한 철학자들을 배출하고 있을 때, 이탈리아마저 아감벤과 같은 출중한 철학자를 배출할 때, 독일은 침묵하고만 있었다. 긴 침묵이었다. 기라성 같은 독일 철학자들의 자손들은 어디서 무엇을 하고 있는 것일까? 분명 한동안 그들은 침묵했다. 하지만 이내 곧 웅얼대기 시작했다. 그들은 다시 말하기 시작했지만, 이제 우리가 듣지 못한다. 그들의 음성이 관심의 스포트라이트에서 벗어난 지 오래되었기 때문이다. 작게만 들리는 그들의 음성에 이제는 귀를 기울여야 한다. 문화적 유전遺傳/전승傳承의 관점에서 보았을 때, 누가 뭐래도 그들은 철학적 거인의 후손들이기 때문이다.

나는 멘케를 주목한다.[1] 까닭은 그가 독일 철학의 화려했던 전통과 현대미학의 쟁점들을 창조적으로 융합하고 있기 때문이다. 멘케 철학의 핵심어 하나를 꼽으라면, "비극"이다. 그는 '비극의 현재'와 함께 '현재의 비극'을 말한다. 그에 따르면, "언제나 성공을 지향하는 행위가 오직 그것 [행위] 자체를 통해 필연적으로 실패를 초래하고, 그럼으로써 행위자의 불행을 초래한다"는 실천의 "비극적 아이러니"가 현재에도 유효하다. 계몽과 마르크시즘의 흥망성쇠를 조망하면서, 그는 현대인들이 어떤 종류의 비극을 목도할 수밖에 없는지, 비극 속에서 우리가 무엇을 배우고 그것을 어떻게 감내해야 할지를 고민하고 있다. 그리고 그의 비극적 시대인식에서 미학적인 것은 핵심적인 역할을 담당한다. 미학의 역사는 이성적인 실천이 왜 실패할 수밖에 없는지, 이런 비극적 상황에서 예술적 감성이 어떤 힘을 발휘할 수 있는지를 알려 주기 때문이다.

크리스토프 멘케는 현재 독일 프랑크푸르트 대학의 교수로서 통상 프랑크푸르트학파 3세대 철학자로 분류되며, 특히 아도르노의 '미학'을 계승한 독창적인 비판이론가로 평가된다. 하이델베르크/콘스탄츠 대학에서 철학, 독문학, 예술사를 수학했고, 베를린 자유대학에서 교수자격 논문을 제출했다. 박사논문에서는 아도르노 미학의 입장에서 해체주의(데리다) 및 해석학적 미학을 비판적으로 검토했으며, 그의 박사논문이 책(『예술의 지고성: 아도르노와 데리다에 의거한 미학적 경험』*Die Souveränität der Kunst: Ästhetische Erfahrung nach Adorno und Derrida*, Frankfurt am Main: Suhrkamp, 1991)으로 출간되자, 그는 일약 세계적인 차세대 미학자로 주목을 받았다. 현재 그는 학술활동뿐 아니라, 인권운동에도 활발히 참여하고 있다. 주요 저서로는 이 책 이외에도 『예술의 지고성』, 『인륜성에서의 비극: 헤겔에

---

1) 이 부분은 「예술의 정치성에 관한 소고: 어두운 감성의 정치적 힘에 관하여」라는 글(『문예중앙』, 125권, 2011, 581~594쪽)에서 조금 따왔다. 그 글에서 나는 멘케 미학의 의미를 우리 현실 상황과 접목시켜 밝히려 했다.

의거한 정의와 자유』*Tragödie im Sittlichen: Gerechtigkeit und Freiheit nach Hegel*, Frankfurt am Main: Suhrkamp, 1996, 『평등의 신기루: 아도르노와 데리다에 의거한 정치철학』*Spiegelungen der Gleichheit: Politische Philosophie nach Adorno und Derrida*, Frankfurt am Main: Suhrkamp, 2004, 『비극의 현재: 판단과 유희에 관한 연구』*Die Gegenwart der Tragödie: Versuch über Urteil und Spiel*, Frankfurt am Main: Suhrkamp, 2005 등 다수가 있다.

* * *

이 책에서 멘케는 미학사를 다시 쓴다. '힘의 미학'이란 이름으로 지금까지 조명되지 못한 미학사의 흐름을 새롭게 발굴한다. 계보학적으로 미학의 성립 배경과 탄생 그리고 전개를 추적하면서, 그 전企 과정을 '힘의 미학'이라는 한 마디 말로 요약한다. 겉보기에 이것이 이 책의 일차적인 내용이자 학술적으로 기여한 바다. 그러나 여기에 머무르지 않는다. 미학의 역사를 새롭게 조망하면서, 멘케는 미학적인 것의 철학적 의미와 윤리-정치적 의미를 새롭게 조망한다. 미학사를 간결하게 스케치하면서, 미학적인 것이 무엇이고 왜 근대에 철학의 중심 문제가 되었는지, 예술의 자율성과 전위성(또는 지고성)이 어떤 윤리적 함축을 내포하고 있는지를 보여 주고 있다.

미학은 감성에 관한 철학적 성찰이다. 전통적으로 감성은 진리를 왜곡하는 거짓말쟁이 혹은 변덕스럽고 제멋대로인 망나니로, 하지만 동시에 가공할 만한 위력의 소유자로 간주되었다. 맹목적인 감성의 위력에 경악했던 전통철학자들은 가능하면 그것을 은폐하고 배제하고 억압하고자 했다. 그래서 근대 이후에야 감성은 겨우 주제화될 수 있었다. 통상 역사가들에 따르면, 르네상스 이래로 신 중심의 세계관은 인간 중심의 세계관으로 이행되고, 그럼으로써 인간의 육체와 감성에 주목하게 되었다고 한다. 그러나 멘케는 감성이 주목받게 된 또 다른 배경, 즉 실천 철학적 배경을 밝힌다.

근대적 주체가 형성되는 과정에서 감성은 그 위력을 드러낸다. 생각을 통해 행위 하나하나를 지도하고 통제하려는 이성적인 주체가 출현하면서, 비로소 그 강력한 적대자로서 감성이 등장한다. 일단 멘케는 데카르트의 인식론적 주체를 실천적 주체로 재해석한다. "나는 생각한다"cogito는 명제는 '나는 (생각)할 수 있는 능력을 가진 주체다'로 바꿀 수 있다. 데카르트의 인식 능력은 실천적 주체 형성을 위한 교두보다. 실천적 선을 위해 확실한 인식적 기반이 요구됨으로써 데카르트적 주체가 확립된 것이다. 이런 주체 성립 과정에서 미학은 탄생한다. 왜냐하면 우리의 행동은 이성적 주체의 힘만이 아니라 감성을 통해 수행되며, 그 둘은 항상 행동의 선善을 두고 서로 다투기 때문이다. 미학은 근대 계몽의 산물이며(초월적인 선을 거부한다는 점에서), 근대 계몽의 심화 과정을 표현한 말이다(이성의 한계를 밝힌다는 점에서).

감성은 주체 속에 똬리를 튼 이성의 외부다. 등잔 밑이 어두운 것처럼, 그것은 이성 광축光軸의 어둠이다. 미학의 창립자, 바움가르텐은 감성을 이성에 편입함으로써 통합적인 이성적 주체 개념을 확립하고자 한다. 그러나 규정할 수조차 없는 "어두운 힘"인 감성은 이성의 뜻대로 쉽게 재편되지 않는다. 도리어 그것은 성공적인 실천을 위한 이성의 기획을 끊임없이 교란시키고 변형시킨다. 이와 같이 계몽의 기획에서 탄생한 미학은 이성적 기획을 마무리하는 승리의 타종打鐘 행사가 아니라, 도리어 이성적 기획안의 파탄을 알리는 조종弔鐘이거나 기존 안을 폐기하고 새로운 기획안을 제출하라는 경종警鐘 역할을 한다.

데카르트가 미학에 반대하기 위해서 내세운 '감각의 규정 불가능성'

이 역설적으로 미학의 토대가 된다. 이후의 역사는 이 규정 불가능성을 새로운 시각에서 바라보는 길로 나아간다. 어쨌든 감각적인 것의 '규정할 수 없는 힘', 이것이 힘의 미학의 출발점이다. 이 밖에도 데카르트는 두 가지 점에서 근대 미학 담론에 기여한다. 첫째는 아름다움을 감각의 영역에 한정했다는 점이며, 둘째는 아름다움이 재현 불가능한 것이어서 객관적인 내용을 담보할 수 없는 주관적인 영역에 속한다고 확정했다는 점이다. 이로써 아름다움을 포함한 모든 감각적인 것들이 미학적인 것으로 간주되고 (특히 이전에는 나뉘어져 있던 예술 이론과 미 이론이 통합되고), 미학적인 것은 이제 규정 불가능성·재현 불가능성·주관성이란 특징을 가진 일군의 독자적인 대상, 즉 미학적 대상으로 부상할 수 있는 발판을 마련하게 된다.

데카르트에게 감성은 일차적으로 '규정할 수 없는 것'이다. 그래서 그는 감성을 명석하지도 판명하지도 않은 것으로 보고 있다. 때문에 그에게 감성에 관한 학, 즉 미학은 불가능한 것이었다. 반면 라이프니츠는 감성이 명석하지만 판명하지 않은 것, 즉 혼돈스러운 것이라 말한다. 명석성과 판명성은 다른 것이다. 판명하지 않더라도 (그래서 무엇이라 정의 내릴 수 없더라도) 명석한 것일 수 있다. 예컨대 색깔이 붉다는 감각적 인식은 명석하다. 하지만 붉다는 것이 무엇인지를 판명하게 정의 내릴 수는 없다. 오직 직접 특정 사례를 감각하게 함으로써 다른 색깔들과 구별할 수 있을 뿐이다. 명석하면서 혼돈스럽다는 이 정의는 감각적인 것에 대한 인식적 고찰의 발판을 마련한다. 그는 혼돈스런 감성에도 "내적 원리"가 있음을 주장한다. 멘케에 따르면, 그런 주장에는 이미 "미학을 움직이고 지탱한 근본사상"이 담겨 있다. 실천적 주체를 확립하는 과정에서 라이프니츠는 또 다른 실천적 선의 '가능성'을 인정한 셈이다. 다시 말해서 이성을 통해 지도되는 실천적 선 이외에도 감성적 행위의 선이 존재할 수 있는 가능성을 남겨 놓은 셈이다. 라이프니츠 이후 바움가르텐이 하위 인식으로서 상대적 자율성을 가지는 미학을 정초한 반면, 헤르더는 실천과는 구분되면서도 실천을 변형시키는 어두운 힘으로서의 미학을 정초한다.

라이프니츠의 착상을 발판으로 비로소 미학을 창시한 사람이 바움가르텐이다. 바움가르텐이 미학이란 학문을 명시적으로 제안했다는 사실만으로 그를 미학의 창시자로 간주하는 통상의 견해와는 다르게, 멘케는 바움가르텐 미학의 실천적인 측면에 초점을 맞춘다. 실천적 주체는 사유하는 주체로만 머무는 것이 아니라, 연습을 통해 무엇인가를 할 수 있는 힘을 얻는다. 주체는 무엇인가를 할 수 있는 능력의 담지자다. 그런데 감각에도 독특한 연습이 있고 그 연습을 통해 고유한 능력이 형성된다. 여기에서 연습이란 단지 이론을 적용하는 연습이 아니라, 감각의 내적 원리에 따라 행해지는 연습이다. 예컨대 화가가 사생寫生을 연습하는 경우, 그는 머리로 그리는 것이 아니라 숙련된 손으로 그린다. 손끝의 감각으로 그림을 그리고, 그 감感을 연습한다. 감각 외적인 원리가 아니라 감각 내적인 원리를 통해 주체는 부단히 자신의 몸, 감각을 다듬어서 무엇인가를 할 수 있는 능력을 얻는다. 그리하여 사유의 주체와는 다른 (그러나 유사한) 감각의 주체로서 인간을 이해하고, 미학을 주체 형성과 밀접하게 연결시킨 점이 바움가르텐의 미학적 기여다.

감성의 어두운 힘은 근대적 행위 주체와 긴밀히 연결되어 있지만, "전前 주체적이고 반反 주체적인 힘"이다. 당연히 그것은 이성적이지 않다. 이성은 일반자das Allgemeine를 통해 특수자를 규정하는 능력이며, 규범, 법칙, 목적은 일반자의 세 형식들이다. 그런데 어두운 힘은 이런 일반자의 세 형식을 통해 규정되지 않는다. 차라리 그것은 "주체의 시원이자 동시에 심연"이다. 그렇다고 이런 감성이 실천과 무관한 것은 아니다. 감성은 오직 실천(주체)을 변형시키는 힘으로서만 표출될 수 있다. 다시 말해서 미학적인 것das Ästhetische이란 실천적인 것의 자기반성적인 변형 사건 속에서 발생하는 것이다. 말하자면 "미학적인 것은 오직 비-미학적인 것의 미학화로서만 존재"하며, 역으로 실천적인 것은 미학적인 것으로의 이행 속에서만 존재한다. 결국 (인식) 실천적 주체는 미학적인 것을 낳지만, 오직 미학적인 존재가 되는 과정을 거쳐야만 임시적인 실천적 주체의 지위라도 얻을 수 있다.

힘의 미학은 '미학적인 인간'homo aestheticus의 도래를 알린다. 좁은 의미의 행위 주체가 아니라, 삶을 살아가며 생생하게 활동하는 인간이 대두된다. 인간은 주체로만 규정될 수 없고, 로봇과 같은 기계적인 것도 아니며, 다른 뭇 생명체와 동일한 것도 아니다. 인간만의 고유한 모습이 있다. 그런 모습으로 인간은 살아가고 행위한다. 보다 철저하게 계몽된 관점에서 볼 때, 인간은 이제 더 이상 이성적 주체도 아니고 물리적인 실체도 아니며 생물학적인 동물도 아니다. 부정 뒤에 남는 긍정적인 인간의 모습이 바로 미학적 차원이다. 근대는 중세의 신에서 인간으로 눈을 돌렸다. 그런데 근대적 인간 이해는 점차 '이성적 주체'에서 '미학적인 인간'으로 옮겨 간다.

실천의 관점에서 볼 때, 인간은 합리적인 사유 능력의 주체만이 아니라 주체를 뒤흔드는 힘의 존재로 부각된다. 여기에서 '능력과 힘', '행위와 유희', '주체와 인간'의 차이가 중요해진다. 미학적인 힘은 과거의 시원으로서만 남아 있는 것이 아니다. 지금 현재도 부단히 우리 인간을 움직이는 동력이다. 미학적인 힘은 주체와의 관계 속에서 자신을 드러낸다. 그것도 주체와의 부정적 관계를 통해, 즉 주체와 대립각을 형성하면서 자신의 존재역량을 드러낸다. 이처럼 주체가 미학적인 힘을 통해 변형되는 것을 멘케는 "미학화 과정"이라 부른다. 미학화 과정이란 "영혼의 자기반성을 통해 어둡게 유희하는 힘들 속에서 실천적 능력들이 변형되는 그 같은 과정"이다. 결국 미학적 유희에 빠져든다는 것은 주체, 주체의 능력, 그리고 실천의 변용 과정이자, 결국 '미학화'Ästhetisierung의 과정이다.

멘케는 힘의 미학을 강렬하게 제시한 전범典範으로 니체를 꼽고 있다. 니체는 예술지상주의를 표방하면서도 예술이 삶이 되어야 한다고 역설한다. 우리는 예술가들만이 할 수 있는 일을 배워야 하고, (보통의 예술가들이 그것을 삶으로 확장시키지 못한다면) 그들에게 배운 것을 우리의 삶으로 확장시켜야 한다. 그렇다면 예술가들로부터 배울 점이란? 무능無能이다. 우리는 예술가들로부터 무능을 배워야 한다. 이때의 무능은 결코 쉬운 일이 아니다.

누구에게나 기존에 가지고 있던 능력을 내려놓는다는 것은 어려운 일이다. 때문에 이런 무능을 행할 수 있는 것도 하나의 회귀稀貴한 능력이다. 이성을 통해서, 즉 일반적인 규범, 법칙, 목적 등을 통해서 행위 할 수 있는 능력을 과감히 버리고 '망각'할 수 있는 능력이 바로 '무능의 능력'이다. 그렇듯 무능하게 하는 힘은 디오니소스적 도취로 표현된다. 예술가로부터 배워야 할 점은 도취될 수 있는 능력이다. 예컨대 가사와 음정 등을 의식적으로 고려하며 노래를 부를 때보다 그것을 망각하고 노래에 도취되어 부를 때 '더 좋은 노래'가 나오는 경우를 떠올려 보라. 그런데 이런 도취는 실천과 무관한 "디오니소스적 야만"의 상태가 아니라, 이미 언급했던 실천능력을 변용시키는 미학적 힘이다. 도취에 빠져 부른 노래가 엉터리가 아니라, '더 좋은' 실천행위를 낳는다는 점에서 그렇다. 이렇듯 멘케는 미학의 탄생부터 시작한 어두운 힘에 대한 논의가 니체의 디오니소스적 활력에서 정점을 이룬다고 보고 있다.

예술가는 무능해질 수 있는 사람이다. 무능無能에 유능有能한 자다. 그는 기존의 실천방식과 능력에 무능'할 수 있는' 사람이다. 대신 어두운 힘에 자신을 맡겨 변용된 자기로 다시 태어날 줄 아는 사람이다. 그래서 혼돈과 우연의 세계 속에 과감히 들어섬으로써, 새롭고 강고強固한 실천을 준비하는 사람이기도 하다. 니체는 디오니소스적 도취가 사라진 이성적 규범체계, 그 안에서 규정되는 선과 악에 반대한다. 기존 도덕체계의 눈으로 보면, 니체의 디오니소스 미학은 선에 대립하는 악이 아니라, "선악의 피안"에 있다는 점에서 '근원적인 악'이다. 하지만 니체는 선악의 경계를 허무는 미학이 삶에 좋은 것, 곧 선이라고 본다. 다시 말해 차이를 산출하는 미학적인 것이 곧 진정한 선이다. 이후 '차이의 선'이라는 니체의 견해는 탈근대 담론의 초석이 된다.

특히 멘케는 "비극적 예술가"에게서 예술의 윤리-정치적 의미를 발견한다. 비극적 예술가는 우리의 행위가 실패하는 곳에서도 어두운 힘을 원용하여 실패에 굴하지 않을 수 있는 사람이다. 성패成敗와는 무관하게 실천적 선악의 피안에서 자기창조를 향유할 수 있는 자, 유희할 수 있는 자만이 진정한 예술가다. 이런 예술가에게서 우리는 두 가지를 배울 수 있다. 하나는 실천적 능력과 어둡게 유희하는 힘을 구분하는 법이다. 양자를 뒤섞거나 무리하게 통일시켜서는 안 된다. 그것은 서로 철저히 다른 선, 즉 '행위의 선'과 '유희의 선'이다. 또 다른 배울 점은 그 둘이 차이 나면서도 동시에 서로를 필요로 한다는 깨달음이다. 유희의 선은 실천적 능력을 실행하는 힘의 자기 향유 속에서만 가능하며, 행위의 선은 어두운 힘들의 유희를 거쳐야만 실현 가능하다. 그래서 서로 다른 선들을 무차별하게 뒤섞는 것보다는 구분 짓는 일이 모두를 위해, 그리고 양자의 결합을 위해 좋다는 점을 배운다. 한마디로 요약하자면, 예술가에게서 우리는 "선의 차이뿐만 아니라 차이의 선을 배운다".

멘케의 마지막 결론은 이렇다. "미학의 마지막 말은 인간적인 자유다." 진지한 실천 행위도 생동감 넘치는 힘들의 유희도 모두 "인간적인 자유"에서 유래한다. 실천 행위와 감성의 힘은 '인간적인' 자유의 두 모습이다. 무겁고도 가벼운 자유의 두 상반된 이미지다. 우리는 어느 것도 포기할 수 없다. 하나를 포기하면 다른 하나도 반드시 잃게 된다. 자유의 두 모습은 서로 대립하고 차별화될수록 결속하는 관계로 짜여 있다. 그래서 차이를 내는 것이 좋다. 차이를 내면 낼수록, 팽팽한 긴장을 유지하면 할수록, 둘은 더 공고하게 묶인다.

행위의 성공을 위해 실천 이성은 다양한 지식을 축적하고, 축적된 기지旣知로써 미지未知를 포섭하려 한다. 기지를 통해 엄중한 상황을 정확히 판단하려다 보니 항상 무겁고 진지하기만 하다. 반면 미학적인 힘들은 실패조차 즐겁게 감내할 수 있게, 축적된 모든 것들을 비워 낸다. 그래서 그것은 사뭇 비극적이지만 가볍고 유쾌하다. 지금까지 사람들은 성공을 위해 이성적 자유만을 주목해 왔다. 멘케는 미학적 자유의 실천적 함의에 주목한다. 기지를 무화無化하는 미학적 자유가 없다면, 이성은 지식의 비만肥滿 때문에 도리어 자유롭지 못할 것이다. 이런 맥락에서 멘케가 책의 서두에 인용하고 있는 (수수께끼 같은) 실러의 말을 다시금 음미하도록 하자. "따라서 미학적 상태 속에서 인간은 …… 제로Null다."

* * *

이전에 출간했던 나의 책(『하이데거의 사이-예술론』, 그린비, 2009) 에필로그에서 짧게 언급한 바 있듯이, 대학시절 나는 헤겔과 루카치 그리고 아도르노 미학에 빠져 있었다. 특히 아도르노 미학은 "잘 알지도 못하면서" 나의 미숙한 사유를 뒤흔든 지적 충격의 진원지였다. 아도르노 미학을 제대로 이해하겠다는 핑계로 칸트 미학을 공부했다가 칸트 철학(특히 상상력 개념)에 대한 해석이 마음에 들어 하이데거 철학으로 공부 방향을 선회했고, 결국 하이데거 예술철학으로 박사논문까지 쓰게 되었다. 그리고 이후에는 학계의 관행에 따라 하이데거(현상학, 해석학) 예술철학 전문가 행세를 하고 있다. 허나 지금도 아도르노나 벤야민 그리고 아도르노 미학의 지적 후계자인 멘케의 저작은 틈틈이 읽고 있다. 한편으로는 젊은 날의 순수했던 고민의 편린을 고이 간직하고픈 마음으로, 다른 한편으로는 거칠고 치기 어리기만 했던 생각들을 숙성시키고픈 마음으로.

그러던 즈음 잠시(2006~2007) 독일 베를린으로 유학留學 아닌 유학遊學을 갔었는데, 거기에서 멘케 교수의 수업을 들을 기회를 얻었다. 베를린 시내에 있는 자유대학이나 훔볼트 대학에서는 하이데거 수업을 들었고, 인근 도시 포츠담 대학에서는 멘케 교수의 수업에 참여했다. 지금 멘케 교수는 프랑크푸르트 대학 교수로 재직 중이지만, 당시에는 포츠담 대학 교수였다. 일주일에 한 번씩 여행을 떠나는 기분으로 포츠담행 기차에 몸을 실었다. 상수시sanssouci 궁전 곁에 있는 포츠담 대학은 너무 아름다웠기에 매번 수업보다는 고궁 산책을 즐겼다. 멘케 교수의 수업은 내가 이해하기에는 너무 벅찼다. 그 학기 수업 주제가 미학이 아닌 사회철학(호네트 초청을 위한 준비수업)인 데에다, 수업 전에 읽고 와야 하는 텍스트 분량이 감당할 수 없이 많았고, 무엇보다 독일어 듣기 능력이 수업을 따라가기에 크게 모자랐기 때문이다. 지적 충만감으로 뿌듯하게 교실 밖을 떠나기보다는 무력감에 진저리를 치면서 노을 진 가을 궁전 정원을 거닐었던 것이 아직도 아련한 추억으로 남아 있다. 아도르노와 더불어 멘케, 이 두 철학자는 내게 커다란 지적 자극을 주었지만 동시에 나의 철학적 무능력을 뼈저리게 확인하게 해준 사람으로 남게 되었다.

한국에 돌아온 후 멘케 교수를 거의 까맣게 잊고 있었다. 그러던 중 현 프랑크푸르트학파의 중심 인물인 악셀 호네트Axel Honneth 교수에게 사사師事한 문성훈 선생으로부터 뜻밖의 제안을 받았다. 『한겨레신문』주관으로 세계 지성계의 전도유망한 진보 지식인을 소개하는 일에 참여해 달라는 제안이었다. 내가 맡은 사람이 바로 멘케 교수였다. 인연이란 이렇게 질긴 법이다. 짧은 시간에 멘케 교수의 철학을 정리할 수도 없고 해서 그와 이메일로 인터뷰를 하기로 했다. 다행히 멘케 교수는 친절하게 인터뷰에 응해 주었다. 비록 그가 읽지는 못할 거라 예상했지만, 나는 인터뷰 내용이 실린 신문지면을 기념물로 보내 주었다. 멘케 교수는 답례로 최근 출간한 자신의 책 한 권을 보내 주었는데, 그 책이 바로 이번에 번역한 책이다. 책을 받자마자 단숨에 읽기 시작했다. 신선한 지적 충격과 희열을 느끼며 일독을 했고, 책을 꼼꼼히 이해하기 위해 번역을 하며 다시 읽다 보니 어느덧 책의 대부분을 번역하게 되었다. 책을 번역하면서 나는 많은 것을 배웠다. 모자란 번역이나마, 이 책을 읽고 독자들도 많은 배움이 있기를 바란다.

*　*　*

마지막으로 이 번역을 독려하고 격려해 주신 〈연구모임 사회비판과 대안〉의 여러 선생님들과 책 마무리 작업에 힘써 주신 강혜진 님을 비롯한 그린비출판사 여러분들, 그리고 지칠 때마다 따뜻한 위무慰撫를 선사해 준 사랑하는 아내, 김남희에게 진심으로 고마움을 전한다.

참고문헌

『감시와 처벌』, Michel Foucault, *Surveiller et punir: Naissance de la prison*, Paris: Gallimard, 1975(*Überwachen und Strafen: Die Geburt des Gefängnisses*, übers. Walter Seitter: Fankfurt am Main: Suhrkamp, 1977)[『감시와 처벌』, 오생근 옮김, 나남, 2003].

「고찰」, Gottfried Wilhelm Leibniz, "Betrachtungen über die Erkenntnis, die Wahrheit und die Ideen(Meditationes de Cognitione, Veritate et Ideis)", *Philosophische Schriften*, Bd. 1, hrsg. Hans Heinz Holz, Darmstadt: Wissenschaftliche Buchgesellschaft, 1965[「인식, 진리, 그리고 관념에 관한 성찰」, 『형이상학 논고』, 윤선구 옮김, 아카넷, 2010. 데카르트의 『성찰』과 구분하기 위해 「고찰」로 인용].

「광시곡」, Moses Mendelssohn, "Rhapsodie oder Zusätze zu den Briefen über die Empfindungen", *Ästhetische Schriften in Auswahl*, hrsg. Otto F. Best, Darmstadt: Wissenschaftliche Buchgesellschaft, 1974.

『규칙』, René Descartes, *Regulae at directionen ingenii(Regeln zur Ausrichtung der Erkenntniskraft)*, *Philosophische Schriften in einem Band*, Hamburg: Meiner, 1996[『방법서설: 정신지도를 위한 규칙들』, 이현복 옮김, 문예출판사, 2012].

『논문들』, Gottfried Wilhelm Leibniz, *Neue Abhandlungen über den menschlichen Verstand(Nouveaux essais sur l'en-tendement humain)*, *Philosophische*

Schriften, Bd. 3, hrsg. Hans Heinz Holz, Darmstadt: Wissenschaftliche Buchgesellschaft, 1965.

『니체』, Martin Heidegger, *Nietzsche*, Bd. 2, Pfullingen: Neske, 1961[『니체』, 박찬국 옮김, 도서출판 길, 2012].

『모나드론』, Gottfried Wilhelm Leibniz, *Die Prinzipien der Philosophie oder die Monadologie*(*Principes de la philosophie ou Monadologie*), *Philosophische Schriften*, Bd. 1, hrsg. Hans Heinz Holz, Darmstadt: Wissenschaftliche Buchgesellschaft, 1965[『모나드론』,『형이상학 논고』, 윤선구 옮김, 아카넷, 2010].

『미학』, Alexander Gottlieb Baumgarten, *Aesthetica*(*Ästhetik*), hrsg. und übers. Dagmar Mirbach, Hamburg: Meiner, 2007.

「바움가르텐」, Johann Gottfried Herder, "Begründung einer Ästhetik in der Auseinandersetzung mit Alexander Gottlieb Baumgarten", *Werke*, Bd. 1(*Frühe Schriften: 1764~1772*), hrsg. Ulrich Gaier, Frankfurt am Main: Deutscher Klassiker Verlag, 1985.

『방법서설』, René Descartes, *Discours de la méthode pour bien conduire sa raison, et chercher la verité dans les sciences*(*Von der Methode des richtigen Vernunftgebrauchs und der wissenschaftlichen Forschung*), *Philosophische Schriften in einem Band*, Hamburg: Meiner, 1996[『방법서설: 정신지도를 위한 규칙들』, 이현복 옮김, 문예출판사, 2012].

『비극의 탄생』, Friedrich Nietzsche, *Die Geburt der Tragödie, Kritische Studienausgabe*, Bd. 1, hrsg. Giorgio Colli/Mazzino Montinari, München/Berlin/New York: Deutscher Taschenbuch Verlag/de Gruyter, 1988[『비극의 탄생·반시대적 고찰』, 이진우 옮김, 책세상, 2005].

『성찰』, René Descartes, *Meditationes de prima philosophia: Meditationen über die Grundlagen der Philosophie, Philosophische Schriften in einem Band*, Hamburg: Meiner, 1996[『성찰: 자연의 빛에 의한 진리탐구, 프로그램에 대한 주석』, 이현복 옮김, 문예출판사, 2009].

『시』, Alexander Gottlieb Baumgarten, *Meditationes philosophicae de nonnullis ad poema pertinentibus: Philosophische Betrachtungen über einige Bedingungen des Gedichtes*, hrsg. Heinz Paetzold, Hamburg: Meiner, 1983.

『아침놀』, Friedrich Nietzsche, *Morgenröthe, Kritische Studienausgabe*, Bd. 3, hrsg. Giorgio Colli/Mazzino Montinari, München/Berlin/New York: Deutscher Taschenbuch Verlag/de Gruyter, 1988[『아침놀』, 박찬국 옮김, 책세상, 2004].

「에너지」, Johann Georg Sulzer, "Von der Kraft(Energie) in den Werken der schönen Künste", *Vermischte philosophische Schriften*, Bd. 1, Leipzig: Weidemann und Reich, 1773, Reprint, Hildesheim/New York: Olms, 1974.

『연구』, Edmund Burke, *A Philosophical Enquiry into the Origin of our Ideas of the Sublime and Beautiful*, ed. Adam Phillips, Oxford/New York: Oxford University Press, 1990.

『우상의 황혼』, Friedrich Nietzsche, *Götzen-Dämmerung oder Wie man mit dem Hammer philosophirt, Kritische Studienausgabe*, Bd. 6, hrsg. Giorgio Colli/ Mazzino Montinari, München/Berlin/New York: Deutscher Taschenbuch Verlag/de Gruyter, 1988[『바그너의 경우·우상의 황혼·안티크리스트·이 사람을 보라·디오니소스 송가·니체 대 바그너(1888~1889)』, 백승영 옮김, 책세상, 2002].

「유고 1880」, Friedrich Nietzsche, "Nachgelassene Fragmente, Anfang 1880", *Kritische Studienausgabe*, Bd. 9, hrsg. Giorgio Colli/Mazzino Montinari, München/Berlin/New York: Deutscher Taschenbuch Verlag/de Gruyter, 1988[『유고(1880년 초~1881년 봄)』, 최성환 옮김, 책세상, 2004].

『인식』, Johann Gottfried Herder, *Vom Erkennen und Empfinden der menschlichen Seele, Werke*, Bd. 4(*Schriften zu Philosophie, Literatur, Kunst und Altertum: 1774-1787*), hrsg. Jürgen Brommack/Martin Bollacher, Frankfurt am Main: Deutscher Klassiker Verlag, 1994.

『작은 숲』, Johann Gottfried Herder, *Kritische Wälder. Oder Betrachtungen über die Wissenschaft und Kunst des Schönen. Viertes Wäldchen über Riedels Theorie der schönen Künste, Werke*, Bd. 2(*Schriften zur Ästhetik und Literatur. 1767~1781*), hrsg. Gunter E. Grimm, Frankfurt am Main: Deutscher Klassiker Verlag, 1993.

『즐거운 학문』, Friedrich Nietzsche, *Die Fröhliche Wissenschaft, Kritische*

Studienausgabe, Bd. 3, hrsg. Giorgio Colli/Mazzino Montinari, München/Berlin/New York: Deutscher Taschenbuch Verlag/de Gruyter, 1988[『즐거운 학문·메시나에서의 전원시·유고(1881년 봄~1882년 여름)』, 안성찬·홍사현 옮김, 책세상, 2005].

『판단력비판』, Immanuel Kant, *Kritik der Urteilskraft, Werke*, Bd. 5, hrsg. Wilhelm Weischedel, Darmstadt: Wissenschaftliche Buchgesellschaft, 1983[『판단력비판』, 백종현 옮김, 아카넷, 2009].

「풍경」, Joachim Ritter, "Landschaft. Zur Funktion des Ästhetischen in der modernen Gesellschaft", *Subjektivität*, Frankfurt am Main: Suhrkamp, 1974.

『형이상학』, Alexander Gottlieb Baumgarten, *Metaphysik*[Auszug], *Texte zur Grundlage der Ästhetik*, hrsg. und übers. Hans Rudolf Schweizer, Hamburg: Meiner, 1983.

선행연구

이 책에서 숙고한 내용은 다음과 같은 선행연구들에서 유래한 것이다. 이 책에서 저자는 전개된 논증을 바탕으로 이미 소개된 해석들의 개별 측면들을 부분적으로 좀더 상세하게 다루었다. 그리고 장제목 아래에 있는 제목들은, 각 장에 있는 소제목들이다.

1장_ 감각: 상상력의 비규정성

제멋대로인 감관 | 감각적인 것의 '내적 원리'

- Art. "Subjekt, Subjektivität", *Ästhetische Grundbegriffe: Historisches Wörterbuch in sieben Bänden*, Bd. 5, hrsg. Karlheinz Barck u.a., Stuttgart u. Weimar: Metzler, 2003, S. 734~787.

- "Wahrnehmung, Tätigkeit, Selbstreflexion. Zu Genese und Dialektik der Ästhetik", *Falsche Gegensätze: Zeitgenössische Positionen zur philosophischen Ästhetik*, hrsg. Andrea Kern/Ruth Sonderegger, Frankfurt am Main: Suhrkamp, 2002, S.19~48.

2장_ 실천: 주체의 연습

연습

- "Zweierlei Übung: Zum Verhältnis von sozialer Disziplinierung und ästhetischer Existenz", *Michel Foucault: Zwischenbilanz einer Rezeption*, hrsg. Axel Honneth/ Martin Saar, Frankfurter Foucault Konferenz 2001, Frankfurt am Main: Suhrkamp 2003, S.283~299.

영혼이 주체다

- Art. "Subjekt, Subjektivität", a. a. O.
- "Innere Natur und soziale Normativität: Die Idee der Selbstverwirklichung", *Die kulturellen Werte Europas*, hrsg. Hans Joas/Klaus Wiegandt, Frankfurt am Main: Fischer, 2005, S.304~352.

개체와 규율

- "Subjekt. Zwischen Weltbemächtigung und Selbsterhaltung", *Heidegger-Handbuch*, hrsg. Dieter Thomä, Leben-Werk-Wirkung, Stuttgart u. Weimar: Metzler 2003, S.258~267.
- "Die Disziplin der Ästhetik. Eine Lektüre von Überwachen und Strafen", *Kunst als Strafe: Zur Ästhetik der Disziplinierung*, hrsg. Gertrud Koch/Sylvia Sasse/Ludger Schwarte, München: Fink 2003, S.109~121.

3장_ 유희: 힘의 작용

미학적 계보학 | 상위 힘들의 부상자

- Art. "Subjekt, Subjektivität", a. a. O.
- "Geist und Leben: Zu einer genealogischen Kritik der Phänomenologie", *Von der Logik zur Sprache*, hrsg. Rüdiger Bubner/Gunnar Hindrichs, Stuttgarter Hegel-Kongreß 2005, Stuttgart: Klett-Cotta 2007, S.321~348.

4장_ 미학화: 실천의 변용

자기 자신에 대한 어떤 느낌

- Art. "Subjekt, Subjektivität", a. a. O.
- "Die Reflexion im Ästhetischen", *Zeitschrift für Ästhetik und Allgemeine Kunstwissenschaft*, Bd. XLVI(2001), Heft. 2, S.161~174.

5장_ 미학: 철학의 싸움

완전성에서 자기확신으로

- "La reflexión en lo estético y su significado ético: Una crítica a la solución kantiana", *Enrahonar: Quaderns de Filosofía*, No. 36(2004), S.139~151[*Philosophy and Social Criticism*, Vol. 34(2008), Nos. 1~2, S.51~63].

오래된 싸움과 새로운 싸움

- "Die Dialektik der Ästhetik: Der neue Streit zwischen Kunst und Philosophie", *Ästhetik Erfahrung: Interventionen*, 13, hrsg. Jörg Huber, Wien, New York: Springer, 2004, S.21~39.
- "Das Problem der Philosophie: Zwischen Literatur und Dialektik", *Was ist ein 'philosophisches' Problem?*, hrsg. Joachim Schulte/Uwe Justus Wenzel, Frankfurt am Main: Fischer, 2001, S.114~133.

6장_ 윤리: 자기 창조의 자유
예술가로부터 배우기

- "Distanz und Experiment: Zu zwei Aspekten ästhetischer Freiheit bei Nietzsche", *Deutsche Zeitschrift für Philosophie*, Bd. XLI(1993), S.61~77.

또 다른 선

- "Subjektivität und Gelingen: Adorno-Derrida", *Politische Philosophische und Dekonstruktion: Beiträge zur politischen Philosophie im Anschluss an Jacques Derrida*, hrsg. Andreas Niederberger/Markus Wolf, Bielefeld: Transcript, 2007, S.61~76.

자기 스스로를 창조하기

- "Das Leben als Kunstwerk gestalten? Zur Dialektik der postmodernen Ästhetisierung", *Zukunft oder Ende: Standpunkte-Analysen-Entwürfe*, hrsg. Rudolf Maresch, München: Boer, 1993, S.391~407.

찾아보기